知识生产的原创基地
BASE FOR ORIGINAL CREATIVE CONTENT

颉腾商业
JIE TENG BUSINESS

DISCIPLINE IS DESTINY

THE POWER OF SELF-CONTROL

自律即命运

[美] 瑞安·霍利迪（Ryan Holiday）◎著

[加] 檀林 王婷婷◎译

华龄出版社
HUALING PRESS

北京市版权局著作权合同登记号 图字：01-2024-1970 号

图书在版编目（CIP）数据

自律即命运 /（美）瑞安·霍利迪（Ryan Holiday）著；（加）檀林，王婷婷译. — 北京 : 华龄出版社，2024.6
书名原文：DISCIPLINE IS DESTINY
ISBN 978-7-5169-2765-6

Ⅰ. ①自… Ⅱ. ①瑞… ②檀… ③王… Ⅲ. ①自律－通俗读物 Ⅳ. ①C933.41-49

中国国家版本馆CIP数据核字(2024)第104210号

策　　划　颉腾文化
责任编辑　貌晓星　李梦娇　　责任印制　李未圻

书　　名	自律即命运	作　　者	[美]瑞安·霍利迪（Ryan Holiday）
出　　版 发　　行	华龄出版社 HUALING PRESS	译　　者	[加]檀林　王婷婷
社　　址	北京市东城区安定门外大街甲 57 号	邮　　编	100011
发　　行	（010）58122255	传　　真	（010）84049572
承　　印	文畅阁印刷有限公司		
版　　次	2024 年 6 月第 1 版	印　　次	2024 年 6 月第 1 次印刷
规　　格	880mm × 1230mm	开　　本	1/32
印　　张	9.25	字　　数	199 千字
书　　号	ISBN 978-7-5169-2765-6		
定　　价	89.00 元		

Foreword

推荐序

如何在 3 分钟内解决你的焦虑？

“不要让你对人生的忧虑压垮了你，”马可·奥勒留说，“不要让所有有可能发生的坏事情填满你的大脑。专注当下，问问自己为什么如此难以忍受、无法解脱。”书里的这段话打动了我。

多年前，我陷入了对生活的极度焦虑和对自我的不断批判中，这也是我最早开始了解斯多葛学派的一个契机。马可·奥勒留的很多话语，对当时的我有很大的帮助。

过去三年，我也经历了各种心情的起伏，焦虑、恐惧、怀疑的情绪并不少见。每当我再次经历这些的时候，我总是会深呼吸几口气，放空我的大脑，然后问自己：“请感受一下，当下是否有什么问题？”通常这个时候，我会惊奇地发现，其实什么问题也没有。于是，心情恢复到原先那种平静的状态。

这是我郑重推荐斯多葛学派的这本书的真实原因。从我个人的经历来说，它给予了我一个更好应对外界不确定因素的工具。

斯多葛学派有一个著名的三分论，即把世界上一切事物都分成三种：第一种是你完全不可控制的，比如明天的天气；第二种是你以为你能控制，其实并不一定能控制的，比如你的身体状况，你所做事情的走向；而最后一种才是你真正完全可以控制的，那就是你对待生活的态度。

换句话说，斯多葛学派的一个核心思想就是，我们要学会不依靠外部因素，当我们可以掌控对待生活的态度时，我们才能真正掌握自己的幸福。就像书中说的，学会有勇气地生活在当下这个不确定性极大的环境下，实际上是件不容易的事情，而这看似不容易的事情却是我们摆脱困境的一个意想不到的路径和方向。

面对困境，人们通常会有两种选择：一是陷入各种负面情绪中，耽误很多时间，无法做出明智的抉择；二是积极地去思考并开始寻找解决办法。在我的书《破圈：如何突破认知局限》里指出，由于我们的习惯性思维模式和情绪模式，当遇到意外或者不顺的情况时，陷入负面情绪成为我们习以为常的模式，因此重复这个模式是很容易的，也因此变得常见。而采取上述第二个选择，停止负面情绪，积极地开始行动，反而是一件极度需要勇气的事情。在这种情况下，书中对于勇气的阐述，就格外具有意义。

但勇气并不是终局，在我看来，勇气是一种帮助你达成目标的有效工具。过去一年多的时间里，我有时会去一些朋友的公司帮他们做被裁员人士的职业后续规划辅导。不少人在被裁员后态度非常悲观，因为他们会觉得很多大公司也在裁员，工作肯定不好找。这时，我就会分享我的一名学员的故事。

这名学员原本在体制内任职，他想换一份互联网产品的工作，于是他花了一年多时间投了1000多份简历，最后只拿到了两份入职邀请。他其实需要非凡的勇气去面对一次次的拒绝，但他坚持的秘诀就是，当情绪低迷或者受挫时，他就会打开手机，再投5份简历，然后心情就没那么糟糕了。这就是一种把负面情绪转化成行动力的有效方式。

就像本书中所说：主动行动是一个有效的真理。如果你不相信你能做到，你害怕它，你就很有可能真的做不到；如果你认为事情不会发生，它就不会发生，至少不会发生在你身上。古希腊著名军事家色诺芬有一次被困在波斯中部，当时他还只是一名普通的雇佣兵，但他召集起那些开始绝望的人，解释了上述类似的说法。他说，我们可以在两种态度之间进行选择，一种是我们会遭遇什么，另一种是我们要采取什么行动。

如果就缓解焦虑和负面情绪的实际应用性来说，我觉得在众多斯多葛学派的内容中，没有什么比色诺芬提出的这个二分法更值得我们学习和借鉴。我把它称为让一个人可以在3分钟内解决焦虑的方法。因为你会认识到，这个二分法推论下去，无非就四种答案。

1. 我会遭遇到负面情况：持续去想只会让自己痛苦，不如不想。

2. 我会遭遇到正面情况：不会让我痛苦，那么可想可不想。

3. 我没有任何可以采取的行动：索性就放下，做其他事情。

4. 我有可以采取的行动：立刻去做吧。

当你分析完以上四种答案后，通常也就没那么焦虑了。

请你思考一下你当下面临的困境，然后问自己：我要采取什么行动？

然后，充满勇气地去做吧！

顾及

天使投资人、真格学院前院长

《破圈：如何突破认知局限》作者

Preface

译者序

现代斯多葛：创业者的人生哲学还是精英的心灵鸡汤？

哲学给你不可想象的力量来对抗命运的捶打。

——塞涅卡

斯多葛哲学源于一场意外

传说在公元前 304 年，一个名叫芝诺的染料商人在爱琴海遭遇海难，他在雅典附近被冲上岸，捡回了一条命，不过却损失了所有的财产。这次海难的经历让这个商人有所感悟——与不幸擦肩而过，使他产生了在无法控制的世界中进行自我控制的想法。

据说，有一天芝诺坐在雅典的书店里，阅读着一百年前雅典哲学家苏格拉底的对话录。他被这些睿智的思想所吸引，于是问售书员，哪里可以找到像苏格拉底这样的人。刚好犬儒主义者克拉特斯路过书店，售书员就指向克拉特斯，说道："跟着那个人。"

芝诺跟随克拉特斯学习了一段时间后，又选择跟随其他哲学名师学习。几年后，约公元前 301 年，他开始创立自己的哲学流派。很快，他和他的助手们就聚集在雅典的一个门廊（Stoa

Poikilê）周围开始讲学，这个门廊就是位于雅典市中心著名的“绘画柱廊”（Painted Porch），斯多葛主义由此诞生。斯多葛学派视苏格拉底为“祖师爷”，以他为榜样。

该学派在公共场所讲学，任何人都可以聆听，因此斯多葛哲学既适用于专业人士，也适用于普通大众，有点儿像“街头哲学”。

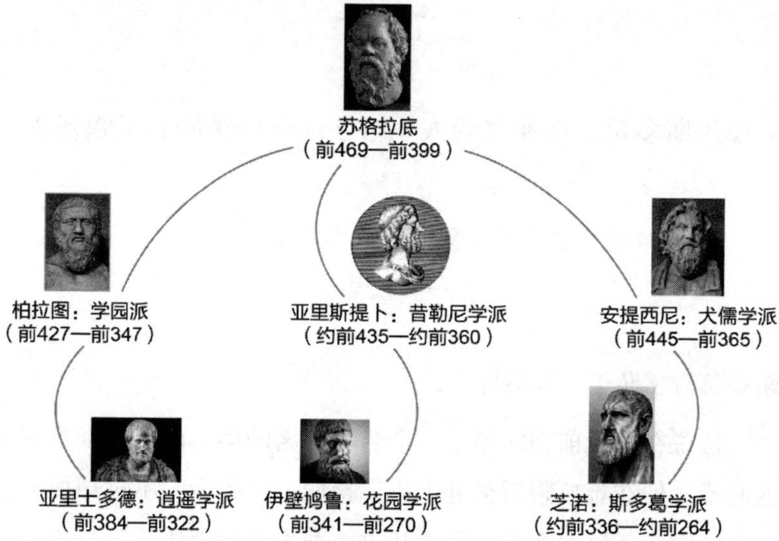

斯多葛学派的缘起

斯多葛学派认为，人们自觉地服从“逻各斯”（logos）和“命运”，就是服从自己的理性和实现自己的本性，这就是他们所理解的“自由”。与隔壁的伊壁鸠鲁学派把快乐等同于幸福的观点相反，早期斯多葛学派主张美德就是幸福，他们认为，只有顺应自然、服从命运才是道德的生活，也才是幸福的生活。因此，人生在世应当通过理性摆脱一切喜怒哀乐的情绪的纷扰，对于现实世界采取一种清心寡欲的生活态度。

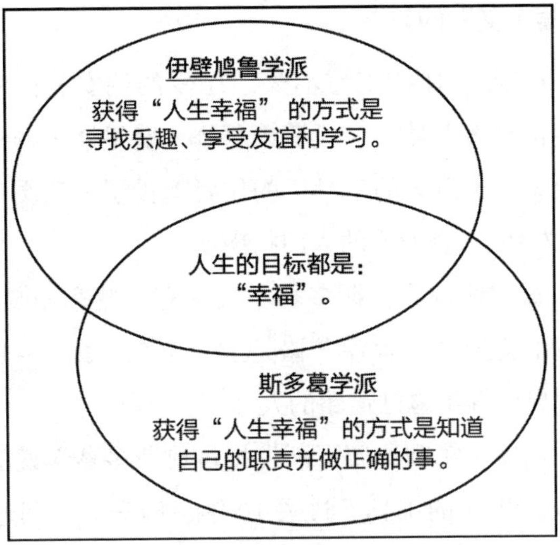

斯多葛学派和伊壁鸠鲁学派的差异

此后，芝诺的自我超越学说在罗马帝国时期更加发扬光大，下至奴隶出身的爱比克泰德，上至尼禄皇帝的老师塞涅卡和罗马五贤帝之一的马可·奥勒留，都是重要的斯多葛学派传人——最终，两千多年后，一位名叫瑞安·霍利迪的畅销书作家（曾经也是一位遭遇挫折的“商人”）接过了芝诺的衣钵，成为“现代斯多葛主义”的主要推动者。

芝诺　　爱比克泰德　　塞涅卡　　马可·奥勒留

“现代斯多葛主义”的复兴

早在2009年，刚刚工作不久，21岁的瑞安·霍利迪给当时著名的“生活黑客”博主、投资人蒂姆·费里斯（畅销书《每周工作4小时》和《巨人的工具》的作者）投了一篇文章，题目是《斯多葛主义101：企业家的入门指南》。

瑞安·霍利迪认为，斯多葛主义中有一些东西与“企业家/创业者”的心态有关。他说芝诺是“一位企业家”，是“一个试图在现实世界中闯出自己道路的人”。

此后，瑞安·霍利迪便不断发掘古典斯多葛学说的思想，作为指引企业家生活的工具。过去10年，瑞安·霍利迪从出版畅销书《斯多葛主义沉思录》和《每日斯多葛》开始，又写了多部旨在向现代读者传播“斯多葛主义核心美德”的图书，形成了一个系列，如《勇气在召唤》《障碍是道路》《自律即命运》《自我是敌人》《沉静是关键》等。这些介绍斯多葛思想的图书销量高达数百万册。他自己也没有想到，一个两千多年前诞生在雅典城市广场的柱廊里的古老哲学，居然还能在当今重获辉煌！

此外，瑞安·霍利迪还经营着一个名为“每日斯多葛”（Daily Stoic）的热门网站（还有一个视频频道），他每天向数十万人发送关于斯多葛修行建议的电子邮件，其中包括参议员、亿万富翁和普通人。瑞安·霍利迪还为TED、硅谷企业、NFL球队、海豹突击队和政府机构做演讲，传播现代斯多葛思想。他的想法很简单，也很有效：用一些历史名人的故事来诠释古代思想家的作品精华，并为没有时间去研读经典的、忙碌的现代人提供“精辟的建议”——作为指导生活哲学实践的窍门。

瑞安·霍利迪与蒂姆·费里斯一起，是现代斯多葛主义的双旗手。

蒂姆·费里斯与瑞安·霍利迪联手推动现代斯多葛主义发展

在两位对斯多葛思想的诸多书籍、播客内容和演讲等开展立体化推广后，斯多葛哲学就首先在硅谷的初创企业中流行开来。从 2012 年起，还形成了一个“斯多葛周”的企业家精修会和每年的“斯多葛大会”（Stoicon）活动，在疫情期间也未间断，而且每年来自全球的参会人数还在增长。

一年一度的斯多葛大会，已经连续举行 11 届

我在2015—2019年期间经常去硅谷。有一年10月，我随一位硅谷的朋友参加了湾区的一个Stoicon-X的活动。活动在圣何塞的一个小图书馆里举行，几十个参会者坐在一张桌子旁，一张硕大的银河系的照片投射在正面的屏幕上，其中一位成员分享他在创业过程中的心路历程，形容自己经常迷失在茫茫的“星辰大海”之中，不确定自己的生活该何去何从。他介绍说，创业的艰难和不确定性让他不得不重新思考人生，最终，他找到了斯多葛主义——**这不仅是一种生活的算法，也是一个人性操作系统**，能够让人在高焦虑环境中保持成长——这句话给我的印象很深。他的演讲中没有太多关于斯多葛思想的系统化介绍，但有很多他称之为“每日斯多葛”的金句，例如“**爱你所过的生活，过你所爱的生活**”，以及“**行动之阻推动行动，道路之阻铺就大道**”。（我后来才知道这些都是马可·奥勒留在《沉思录》中的名言。）

我当时觉得既兴奋又惭愧，兴奋的是第一次近距离地感受到了斯多葛主义作为一个古老的、经久而不衰的，还可以践行的生活哲学的魅力；而惭愧的是被诸多前辈极力推荐过的《沉思录》却还一直没有读过。

在交流的时候，我问过这些硅谷创业者、工程师是怎么接触到斯多葛思想的。令我吃惊的是，他们都告诉我同一个故事：“我看到了瑞安·霍利迪的作品”或者订阅了瑞安·霍利迪的电子邮件和播客，只有很少的人读过斯多葛学说的经典原著。

我继而又问，谁是硅谷当下最著名的“斯多葛践行者”呢？工程师们都指向了同一个人——推特创始人杰克·多尔西。他用一套“自寻不适”（Voluntary Discomfort）的方法（注意，不是“自寻烦恼”）为他的斯多葛修炼拉满了人设，如：

- ◆ 工作日每天只吃一顿饭（过午不食）。
- ◆ 周末完全断食。
- ◆ 每天早晨洗冷水澡。
- ◆ 无论晴雨坚持每天步行 5 英里[①] 上班。
- ◆ 每年进行一次为期 10 天的摒弃任何电子设备干扰的静默冥想……

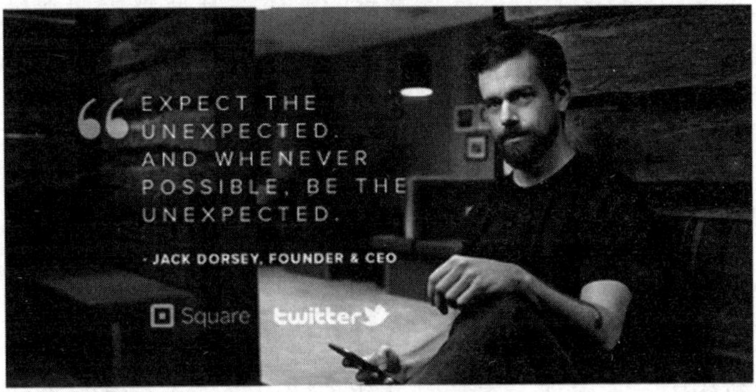

推特创始人杰克·多尔西

杰克·多尔西这种“自寻不适”的“一箪食、一瓢饮”的极简斯多葛苦行僧般的生活方式很值得钦佩，却不容易模仿，但并不妨碍其理念在硅谷的精英圈里越来越流行。这种现象本身就很有意思，我们是应该把它解读为精英们朝乾夕惕、磨炼心性的自我成长方法，还是又一种个人形象的品牌包装，抑或是令人费解的虚伪呢？

---

① 1 英里≈1609 米。

为什么现代斯多葛主义会在硅谷流行？

我知道，很多硅谷精英，如曾经的乔布斯，都将世界问题的探索和解决方案与个人的修行问题关联起来。关键是你选用什么方式修行。在20世纪六七十年代，硅谷流行的是铃木俊隆跨海西传的禅宗；到了20世纪90年代又开始流行瑜伽、正念和冥想；而有着理性内核的现代斯多葛主义毫无疑问地成为当前最契合硅谷人群气质的最新修炼法门。正如霍利迪所说，他的斯多葛主义形式是以硅谷独特的习语呈现的自助形式，强调个人优化和自我主宰。“追求美德是自我完善的艺术，强调感悟而不是理性思考的东方哲学思维，你很难让它们在2019年的旧金山发挥作用，但斯多葛主义很适合。”

我认为，现代斯多葛主义能在硅谷复兴，还有一个非常重要的原因，那就是加州是美国最世俗的州，无论是在硅谷还是在好莱坞，到处都是以身为无神论者而自豪的年轻人，加州的这种气质不像美国东部和南部那些清教徒传统更为悠久的州。在西方身份的建构中，古希腊、古罗马文化长期以来一直是基督教的替代选择。任何认为自己是无神论者，并且不想提及基督教传统的人，都会自然而然地倾向于将自己置于古希腊、古罗马传统之中。

但其实，斯多葛学派也不能算是无神论者，他们是泛神论者，秉承的是一种一元论的世界观，有点类似我们所说的“天地万物皆有灵”，这种世界观在表面上似乎与现代世界更相容。在我看来，这部分是由于当代对古典斯多葛主义的重建。尽管斯多葛学派认为只有物质现实存在，但他们都服从神圣的理性和秩序。对于这些思想者来说，宇宙是一个有机的整体，是一个生命体，在高度“理性”之上还有“灵性”的统摄，在这种“万物有灵”的思维框架下，科学只能用来理解世界，人们还需要用哲学来指引生活，必须依靠德性，顺应自然才能获得幸福——这就让西方古老的斯多葛学说也能和东方的佛教和道教思想兼容。有人说斯多葛就是“低配”版的佛教——减去了轮回。

斯多葛主义者认为人生的目标在于追求幸福，而幸福在于美德，因为美德是一种使整个生活变得和谐的精神状态，而不是什么外在的物质性的拥有。斯多葛主义者相信美德是与生俱来的，是我们个人软硬件的一部分。

斯多葛主义强调4个“枢机美德”，分别是“勇气、智慧、正义和节制”，而且“勇气”是诸美德之首，是用来保障其他美德能够真正彰显的关键。这个主张倒是非常“硅谷”。《创业维艰》的作者，也是硅谷著名投资机构a16z的合伙人本·霍洛维茨，他就认为创始人最重要的品质是“智慧”和“勇气”。“智慧”是选择最优行动路线的能力，而“勇气”是战胜恐惧，坚持独立判断的能力。《从0到1》的作者，硅谷著名投资人彼得·蒂尔也说过**“聪明的想法是稀有的，但勇气比天才更稀缺”**。

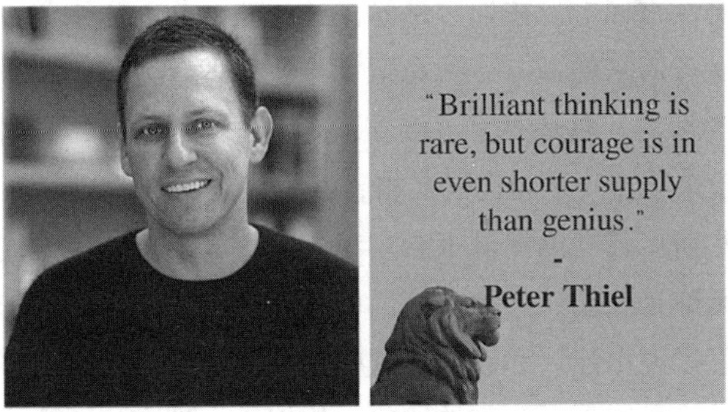

彼得·蒂尔

揭发 Uber 性别歧视的软件工程师苏珊·福勒说，她就是从斯多葛学说中找到了挺身而出的勇气。具有讽刺意味的是，最近获刑 11 年的、《坏血》一书中所揭露的伊丽莎白·霍姆斯在她的血液检测公司最后崩溃时刻，手里也是拿着一本马可·奥勒留的《沉思录》。

在硅谷之外的现代斯多葛主义者还有谁？

在硅谷之外，很多关于斯多葛主义的讨论帖和学习小组也有越来越高的活跃度。例如，我认识的一个论坛——纽约市斯多葛学派，他们非常刻意地与技术风格的硅谷斯多葛学派保持距离。他们将硅谷这种完全以个人成功为导向的运动称为“$toicism”——用美元的符号 $ 代替“S”。

这些纽约市的斯多葛主义者是一个非常多元化的群体。他们更学术化，如经常讨论法国哲学家皮埃尔·阿多和其他关于斯多葛学派的学术著作。还有一些讨论小组，人们通过诉诸斯多葛学派的思想来互相帮助。例如，如果有人正在经历丧亲之痛，他会发布一条消息，人们会通过强调将死亡理解为自然事件而不是悲剧的重要性来回应。按斯多葛学派的说法，你人生中的一切都是向命运女神借来的，有一天命运女神将你的挚爱带走，你也无须感到过度悲哀，而是要勇于接受，战胜自己的情绪，同时正好借这个考验来检查一下自己的品格，获得内在的宁静。

这些斯多葛互助社群不会主动询问个人信息，但他们会就事论事，无论是悲伤、失去友谊、关系问题，还是伴侣的依赖，他们都会直接说出建议和看法。这些在线社区中盛行的友善和建设性的思维给我留下了深刻的印象。他们是心理支持团体，但基于斯多葛学派的建议——利用哲学的力量来对抗命运的锤打！

法国当代哲学家皮埃尔·阿多

现代斯多葛主义的“产业化”

关于斯多葛主义的操作指南很受投资人和科技企业家的欢迎，尤其是自我优化大师。硅谷或华尔街的人对斯多葛主义着迷的原因之一，可能是他们都对成功更着迷。斯多葛为他们提供了一位可以参考的榜样，即罗马皇帝马可·奥勒留，他是他那个时代最有权势的人之一。一个拥有如此影响力的“哲人王”对管理者来说是一个很有吸引力的灵感来源。

古代的斯多葛学派强调人要为自己的品格负责，而当今硅谷的斯多葛学派将其转化成要为自己的成功负责。那是不是硅谷已经将斯多葛思想“鸡汤化”了呢？可能走得还更远，硅谷著名的孵化器 Y Combinator 孵化了一个就叫“Stoic”的 App，号称“哲学引导的心理健康的日课工具”。但不知道是不是为了便于传播，居然采用了“游戏化”的方法来推广其功能，用户在 App 里会听到视频游戏的声音宣布你今天的修炼又达到了一个新的水平："你已经成为圣徒！""你赢得了生命"…… 斯多葛修行成为一场游戏！

我的硅谷朋友半调侃地说道："你看，这就是硅谷，能把正念、冥想和瑜伽都变成产业，也没有什么能阻挡硅谷把斯多葛哲学商品化，如果这有助于他们变得更富有或成为更好的商人。"毕竟，斯多葛学说中的许多元素都适合转化为现代管理的行话，充实企业家自我优化的工具箱。例如，在所有的指南中，你会发现我们不应该因失败而气馁，而应该在保持冷静和坚忍的同时坚持不懈。如果你想更"积极地"管理你的失败，你可以应用斯多葛哲学来这样安慰自己——凡事尽力而为，别计较结果，也许，你只需要启动下一个初创公司！

无论是正念、冥想还是现代斯多葛的各种秘籍，所有这些指南的商业模式始终相同——提高人们的效率并激励他们。

所有这些实用指南也试图同时在修复硅谷精英们的形象。我认为瑞安·霍利迪式的现代斯多葛主义本质上就是一种"品牌营销"。事实上，他主要的读者群就是企业家（商人）和投资人。只不过，时代的大背景有了变化，企业家想从其销售的产品中赚钱，但他们需要将这些产品包装成为有意义的生活方式的一部分来展示，这样才能为品牌赋予高格调。他们不再像老派资本家那样收藏跑车，而是住在乡下的农场，每天早上到小溪边或林间漫步。通过这样做，他们试图创造存在感的深度幻觉。人们的心理痛苦其实还是来自他们的工作环境，我们的解决方案不是推动新的法规，而是让人们在晚上打坐。

住在农场里推广现代斯多葛主义的瑞安·霍利迪

这种现代斯多葛主义具有明显的“实用主义哲学”风格。虽然古典时代的斯多葛学派教导说“美德是唯一的善”，但现代斯多葛学派似乎更注重利用古老的学说来做更有效的社交媒体品牌管理。

但值得赞扬的是，现代斯多葛主义的领军人物之一瑞安·霍利迪似乎真的在为给这个焦虑的世界提供斯多葛学派工具而苦苦挣扎。他的博客文章提供了关于现代人如何通过古代斯多葛学派的教导来改善生活的宝贵见解，其中包含人们可以在日常生活中实践斯多葛主义的九个练习，超越了“自我完善”的陈词滥调。

然而，瑞安·霍利迪在他的现代斯多葛系列丛书中对高成就者的关注表明，重点好像并不是为了培养美德本身，而是为了美德带来的潜在回报。从这个意义上看，现代斯多葛主义只是另一个生活方式品牌。

最后，让我们咀嚼一下瑞安·霍利迪在乡间农场给“现代斯多葛”下的定义：

“没有更好的斯多葛主义者定义——拥有但不想要，享受而不需要。”

怎么品都好像“凡尔赛”感十足！

檀林

海创汇首席生态官

北京大学汇丰商学院创新创业中心实践导师

当我们努力向善并使自己远离邪恶的时候，要牢记并遵从两个词——坚持和抵抗，这两个词能够确保我们过上无可指摘和无忧无虑的生活。

——爱比克泰德（Epictetus）

Contents

目录

四大美德 001

导言 006

第一章 外在（身体）

掌控身体…… 015

向黎明发起进攻 030

艰苦的生活是最好的生活 034

不做奴隶 039

避免过度 043

清理你的办公桌 046

只要在场 050

关注小事 054

迅速行动，快快快 057

慢下来……为了走得更快 061

练习……然后多练习 064
只是工作 068
为成功而打扮 071
寻求不适感 075
管理负荷 079
睡眠是一种有所作为 085
你能忍受什么 088
超越身体…… 092

第二章　内在（气质）

掌控自我…… 097
这样看世界 109
让重要的事处于重要的位置 113
专注，专注，再专注 118
等待甜蜜的果实 122
完美主义是一种恶习 126
先做难事 130
你能重整旗鼓吗 133
与病痛做斗争 137
与贪图享乐做斗争 142
对抗挑衅 146

当心这种疯狂 150
沉默就是力量 154
等等，先别开火 157
控制你的野心 161
金钱是一种（危险的）工具 165
每天都变得更好 170
分担负荷 174
珍惜时间 179
设置边界 184
尽力而为 189
超越气质…… 193

第三章　大师级的（心灵）

提升自我…… 197
严以律己，宽以待人 211
让别人变得更好 216
压力下的优雅 219
为他人承担重担 223
善待自己 226
放权的力量 229
不予还击 233

如何退出 236
忍受不可忍 240
做到最好 244
灵活性就是力量 248
不会因成功而改变 252
自律是美德，美德是自律 255

后记 259
致谢 268

The Four Virtues

四大美德

这是很久以前的事了，赫拉克勒斯走到了他人生的十字路口。

在希腊丘陵一个寂静的十字路口，满是松节的松树遮蔽了阳光，希腊神话中的伟大英雄第一次来到了他人生的重要节点。

究竟是什么时间，在什么地点，没有人知道。这是我们在苏格拉底的故事中听到的一个瞬间。我们也在文艺复兴时期众多精湛的艺术作品中看到这一瞬间。在经典的巴赫康塔塔颂赞曲中，我们可以感受到赫拉克勒斯的旺盛能量、他那发达的肌肉和他的痛苦。如果约翰·亚当斯能够在1776年如愿以偿，那么这位“十字路口的大力神”将会被不朽地铭刻在新成立的美国的国徽上。

恰恰就在那里，在获得不朽的名声之前，在12项伟业完成之前，在他改变世界之前，赫拉克勒斯面临着一场危机，一场我们所有人都曾面临过的真实的、改变生活的危机。

他面向何方？他要到哪里去？这就是故事的焦点。孤独、未知、茫然，大力神和大多数人一样，不知道该怎么办。

在道路分岔的地方，一位美丽的女神躺在那里，她施展出各种魅力，给予他能想象到的一切诱惑。她身着华服，向他许诺安逸的生活。她向他发誓他永远不会感到匮乏、不快乐、恐惧或痛苦。她说，跟着她，他的每一个愿望都会得到满足。

另一条岔路上，一位身穿纯白长袍、神色凝重的女神站立在那里，她轻声慢语。她除了承诺那些辛勤工作的成果以外，不会有任何奖励。她说，这将是一段漫长的旅程。他需要有所牺牲，甚至会遭遇至暗时刻。但这是为神准备的旅程。沿着这条路，他将完成他先祖的重托。

这是真的吗？会真的发生吗？

如果只是传说，与我们有什么相关？

是的，这是一个关于我们的故事。

关于我们自身的困境，关于我们所处的人生十字路口。

赫拉克勒斯需要在邪恶与美德、在轻松与艰难、在康庄大道与少有人走的路之间进行选择。我们也都曾面临这样的选择。

赫拉克勒斯没有片刻犹豫，选择了那条让一切变得大为不同的道路。

他选择了美德。

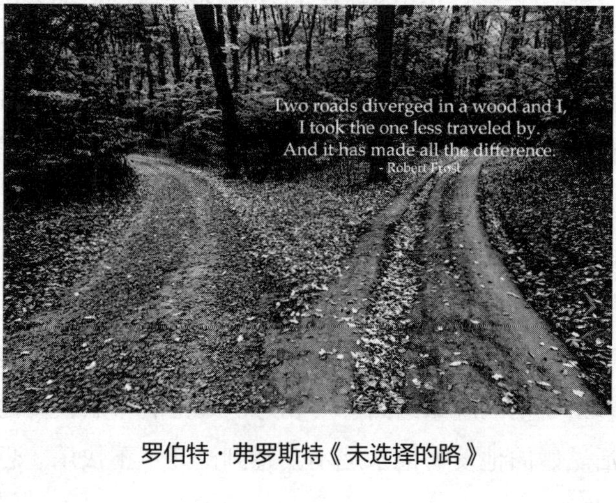

罗伯特·弗罗斯特《未选择的路》

“美德”似乎过时了。然而，美德——Aretea——被解释为非常简单且永恒的东西：道德上、身体上和精神上的“卓越”。

在古代世界，美德由四个关键要素组成。

斯多葛的四大美德

哲学家国王马可·奥勒留称它们为“善良的试金石”。大众视它们为基本美德，基督教和大多数西方哲学认定它们为四种普遍的真理，佛教、印度教和几乎所有你能想象到的其他哲学也同样重视它们。克莱夫·斯特普尔斯·刘易斯指出，它们被称为“枢机”，不是因为它们来自教会权威，而是因为它们起源于拉丁语“cardo”或者说是铰链。

这个关键的门轴，能让通往美好生活的大门开启。

它们也是本书和本系列书籍的主题。本系列四本书分别介绍一种美德。本书是斯多葛四大美德系列的第二本。

目的之一是帮助你选择：

勇气、勇敢、坚韧、荣誉、牺牲……

节制、自控、适度、沉着、平衡……

正义、公平、服务、友谊、仁慈、善良……

智慧、知识、教育、真理、自省、和平……

从各种意义上看，这些都是实现光荣、精彩和卓越生活的关键。在约翰·斯坦贝克的作品中，他精确地描述了这种性格特征，“(他们的)所有者是令人愉快和向往的，使得他无论做什么，都能以此为荣也能以此为乐”。但“他”必须被拓展到全人类。Virtus（美德）这个词在罗马没有女性的版本。但美德既不是男性也不是女性，它就是它。

它始终如一，不管你是男人还是女人，不管你是身体强壮还是天性害羞，智力超群还是智商平平。美德都是一种共同价值。

所有的美德也是相互关联、不可分割的，但每一种美德都与其他美德不同。做正确的事总是需要勇气，就好像如果没有足够的智慧知道如何选择，自律便没有意义。如果不谈及正义，勇气又有什么意义呢？如果不能使我们更为谦逊，智慧又有什么用处呢？

东、南、西、北——四种美德是一种罗盘，它们引导着我们。它们让我们知道身处何方，并将真实世界展现给我们。

亚里士多德将美德描述为一种值得追求的技艺，就像一个人精通任何专业或技能一样。“我们通过建造成为建设者，通过弹奏竖琴成为竖琴手，”他写道，“同样地，我们通过正义的行为变得公正，通过节制的行为变得温和，通过勇敢的行为变得无畏。”

我们正在践行美德。

这是我们的选择。

不止一次，赫拉克勒斯所面对的十字路口并不是个例。它是我们每天都面临的挑战，我们需要一次又一次地去面对。我们会选择自私还是无私？勇于面对还是惧怕退缩？坚强还是软弱？聪明还是愚蠢？我们会养成好习惯还是沦于坏习惯？勇敢还是怯懦？满足于浑浑噩噩的快乐还是不断接受新想法的挑战？

我们是选择一成不变……还是不断成长？

选择简单的，还是选择困难而正确的道路？

Introduction

导言

想拥有一个伟大的帝国吗？先掌控你自己。

——普布里乌斯·西鲁斯（Publilius Syrus）

我们生活在一个富足和自由的时代，即使是我们最近的祖先也无法预见到。

生活在发达国家的普通人可以消费奢侈品并拥有各种各样的机会，而这些是那些曾经非常强大的国王都无法拥有的。我们可以在冬天保持温暖，在夏天保持清爽，经常饱腹而非挨饿。我们可以去我们想去的地方，做我们想做的事情，相信我们想要相信的。我们只需打个响指，娱乐消遣就会出现。

生活得无聊了？去旅行。

讨厌你的工作？换一个。

渴望什么？拥有它。

想些什么？说出来。

想要它？买它。

有梦想？去追逐它。

无论何时，不管你喜欢什么，几乎任何你想要的东西你都可以拥有它。

这是我们的权利。本应如此。

不过……展示这一切是为了说明什么呢？肯定不是要说普遍的繁荣。我们被赋予了权利，我们不受束缚，我们得到超乎预期的祝福，可我们为什么还是如此不开心？

因为我们误把自由当作一种许可。就像艾森豪威尔所说，自由实际上只是“自律的机会”。除非我们宁愿处于漂泊、脆弱、混乱、脱节的状态，否则我们就要对自己负责。只有在伴随着第二个基本美德——自我约束的时候，任何技术、路径、成功、权利和特权才是一件幸事。

temperantia 节制

moderatio 适度

enkrateia 自律

sophrosyne 克己

majjhimāpaṭipadā 中道

zhongyong 中庸

wasat 中心

从亚里士多德到赫拉克利特，从圣托马斯·阿奎那到斯多葛学派，从《伊利亚特》到《圣经》，在佛教、儒家思想中，有很多古老的词语和符号用来描述永恒的宇宙法则：我们必须掌控自己，否则就会面临毁灭的风险，或者失去平衡、失去功能，形成依赖。

当然，不是每个人的问题都源于富足，但每个人都会从自律和自控中受益。人生是不公平的，天赋各有不同。这种不平等造成的现实情况是，处于劣势的我们必须更加自律才能获得机会。我们必须更加努力，我们犯错的空间更小。即使是那些人生无法自由选择的人，每天仍然面临着无数的选择，包括那些放纵的冲动，他们将采取什么行动，将接受什么或者将如何要求自己。

从这个意义上说，我们都在同一条船上：幸运者和不幸者都必须弄清楚如何管理自己的情绪，放弃应该放弃的东西，选择应当遵守的标准。我们必须掌控自我，除非我们更愿意被别人掌控或被其他事情所左右。

可以说，我们每个人都有一个高等的自我和一个低等的自我，这两个自我一直在相互争斗："可以"应对"应该"；我们想要摆脱和我们想要做到最好；一个自我让我们专注，另一个自我容易让我们分心；一个自我选择努力达成目标，另一个自我选择屈服和妥协；一个自我寻求平衡，另一个自我喜欢混乱和过度。

古人形容这场内心之战的词是 akrasia[①]，它是又一次艰难的选择。

我们会如何选择？

哪一方会赢？

你将成为谁？

伟大的终极形式

在"现代斯多葛书系"的第一本书中，勇气被定义为愿意为某事、为某人、为自己需要做的事情而冒险。自律作为一种节制

① akrasia 常用于形容意志软弱，在这种情况下，人们通常会做出有违最佳判断的选择。——译者注

的美德更为重要，它是一种敢于担当、言行合一的能力。

一种努力工作的能力

一种勇于说“不”的能力

一种养成良好的习惯并设定边界的能力

一种训练并做好准备的能力

一种忽略诱惑和挑衅的能力

一种控制你的情绪的能力

一种忍受痛苦的困难的能力

自律就是给予你一切……而你知道哪些要放弃。这会不会有什么矛盾？不，这是平衡。有些东西是我们抗拒的，有些东西是我们追求的；在所有的事情上，我们都会有意识地、合理地适度进行，而不是过度消耗或者忘乎所以。

节制不是剥夺什么，而是在身体上、心理上、精神上控制自己，即使在没有人注意到的情况下，或者在不需要这么高的标准的时候，我们也试图做到最好。我们选择这样的生活方式需要勇气，不仅仅是因为这样做很难，更是因为这样做会让我们在这个世界中脱颖而出。

因此，严守自律确保一切可预测又可确定。它使你更有可能成功，并确保无论成功还是失败，无论发生什么，**你都很棒**。反之亦然：缺乏自律会让你处于危险之中，并让你的身份和名誉受到玷污。

让我们回到艾森豪威尔和他的观点，即自律的机会是自由。他自己的生活是不是能证明这一点？在获得将军军衔之前，他在乏味的军事岗位上努力奋斗了大约30年，只能在美国本土看着他的战友们在战场上屡获奖章和赞誉。1944年，他被任命为二战盟军最高指挥官，他突然间指挥了一支约300万人的军队，这场战争最终有超过5000万人参与。那个时刻，作为一名指挥着超过7亿公民的国家联盟的领导，他发现自己不仅要恪守规范，而且要比以往任何时候都更加恪守。他渐渐发现，最好的领导方式不是通过武力或发号施令，而是通过说服、妥协、耐心、控制自己的脾气，最重要的是通过榜样的力量。

他从战争中脱颖而出，他是战胜者中的战胜者，他创下了装甲步兵的战斗史上空前绝后的成绩。之后，他作为美国总统监管着一个新诞生的核武器库，这实际上让他成为世界上最强大的人。几乎没有什么人能告诉他该怎么做，也没有人能阻止他，没有人不以钦佩的目光看着他或恐惧地远离他。然而，他在执政期间没有发动新的战争，没有使用那些可怕的武器，没有升级冲突，而且他在离任时对制造战争的机器，即所谓的军工联合体提出了具有先见之明的警告。事实上，艾森豪威尔在任时最引人注目的一次使用武力，是他派出第101空降师保护一群第一次去上学的黑人儿童。

有丑闻发生？以公谋私？违背诺言？

都没有。

就像所有真正的伟人一样，他的伟大并非来源于侵略、私欲、野心或巨额财富，而是来源于朴素和克制——他能够掌控自我，进而赢得了指挥他人的能力。我们可以将他与同时代的其他人进行对比：麦克阿瑟、巴顿、蒙哥马利；甚至将他与过去的与他同龄的统治者进行对比：亚历山大大帝、薛西斯、拿破仑。最终能源远流长的，真正让我们惊叹的不是雄心壮志，而是自我控制、自我觉知和平衡。

艾森豪威尔年轻的时候，他的母亲曾引用《箴言》（*The Book of Proverbs*）中的一句话教导他："不轻易发怒的，胜过勇士；治服己心的，强如取城。"母亲对他的教导与塞涅卡试图向自己进谏的统治者灌输的思想相同，即"最强大的人是能够掌控自我的人"。

因此，艾森豪威尔首先征服了自己，进而真正地征服了世界。

尽管如此，我们中的一部分人仍然在赞扬也许是羡慕那些让自己逃避更多惩罚的人、那些对自己要求很低的人。这么做似乎更容易，也似乎更有趣，这甚至可能是实现目标的方法。

可这样做对吗？

不，这只是个错觉。如果你仔细观察就会发现：没有人比懒惰的人过得更为艰难；没有人比贪吃的人更为痛苦；没有什么成功会比任意妄为或者无止境的野心取得的成功更为短暂。不能充分发挥自己的潜力是一种可怕的惩罚。贪婪会不停地移动我们的球门柱[①]，使自己无法享受自己所拥有的东西。即使外面的世界在庆祝，我们内心也只有痛苦、自我厌恶和依赖成瘾。

古人喜欢用车夫的比喻来讲述节制。要想赢得比赛，不仅要让马跑得快，还要控制好团队，平复紧张不安的情绪，牢牢把握缰绳，即使在最困难的情况下也能精准驾驭。驾驭者必须弄清楚如何在严格与和善、轻与重之间取得平衡。他们必须时刻调整自

① 当我们寻求实现欲望时，我们认为我们的球门柱是欲望的对象，我们越是迎合贪婪，它就越有力地将我们拉向下一个欲望对象。——译者注

己和动物的节奏，并在重要的时刻精准控制速度。没有控制速度的驾驭者会跑得很快……但最终不可避免地会出事故。特别是在竞技场的U型弯或坎坷的人生道路上，特别是当大众和竞争对手都了解这一点时。

自律使得凡事皆有可能，并且做得更好。

你能说出一个不自律的真正的伟人吗？你能列举一次灾难性的毁灭不是或者某种程度上不是因为缺乏自律造成的吗？

生活中比天赋更重要的是个性，是节制。

我们将在本书中探讨一些值得敬佩的人，马可·奥勒留、英国女王伊丽莎白二世、卢·贾里格、安格拉·默克尔、马丁·路德·金、乔治·华盛顿、温斯顿·丘吉尔，他们的克制和奉献精神激励着我们。还有历史上的警示故事，拿破仑、英国国王乔治四世，他们咎由自取的自我毁灭使我们震惊。我们每个人都有很多面，有时我们会在同一个人身上看到过度和克制，我们可以从两者中学习。

自由需要自律。

自律给我们自由。

自由和伟大。

你的命运就在那里。

你能抓住缰绳吗？

第一章
外在（身体）

我们的身体是我们的荣耀、预警和护卫。

——玛莎·格雷厄姆（Martha Graham）

我们从自我的物质形态开始。在使徒保罗写给哥林多教会[1]的第一封信中，我们被告知要将自我保持在肉体之下，并使其驯服，以免成为弃儿。根据斯多葛学派的说法，罗马传统是关于“忍耐、节俭的饮食和适度使用其他物质财富”。他们穿着实用的衣服和鞋子，吃基本的食物，用功能性的酒杯适度饮酒，认真地遵循亘古至今的生活方式。我们是同情这种生活，还是欣赏它的简单与尊严？在一个富足的世界里，我们每个人都必须随时与自己的欲望、冲动做斗争，同时，还要努力提升自己以应对人生的起伏。这不是关于六块腹肌的讨论或者要避免所有感觉好的东西，而是培养我们在自己选择的道路上需要具备的毅力。这是关于能够走多远的事情，还有我们如何规避路上的死胡同和海市蜃楼。如果我们无法主宰自己的身体，那么有谁或者有什么能够主宰？是外力、懒惰、逆境、熵，还是萎缩呢？我们今天正在承担这份责任，这是我们来到这个世界的目的。我们知道，虽然放纵自我，让我们的快乐中枢主导一切似乎更容易、更令人愉快，但从长远来看，那会是一条更加痛苦的道路。

---

① 《哥林多前书》（*Corinthians*），又译作《格林多前书》，是保罗为哥林多教会所写的书信。——译者注

Ruling Over the Body ...

掌控身体……

他经历了发烧和偏头痛，打球时伴随着严重的背痛，肌肉拉伤，脚踝扭伤；有一次，在他被一个时速 80 英里的快球击中头部后的第二天，他换好衣服，戴着贝比·鲁斯的球帽，因为头部肿胀而无法戴上他自己的帽子。

扬基队著名球员卢·贾里格

在连续的 2130 场比赛中，卢·贾里格是纽约扬基队的一垒手，在接下来的 55 年里都保持了一种持久的体力。能够保持如此长的时间，这是人类耐力的壮举，以至于人们很容易忽视这是多么不可思议。当时，美国职业棒球大联盟[①]的常规赛是152场。贾里格所在的扬基队几乎每年都能进入季后赛，并且7次进入世界大赛并取得非凡成绩。17年来，贾里格从4月到10月不间断地进行比赛，达到了你能想到的最高水平。在休赛期，球员们会参加巡回赛和表演赛，有时甚至远赴日本参加比赛。在为扬基队效力期间，贾里格参加了大约350次“连赛两场”[②]的比赛，在全国各地旅行了至少20万英里，这期间主要是乘坐火车和公共汽车。

然而，他从未缺席过一场比赛。

这并不是因为他从来没有受伤或者生病，而是因为他是一个拒绝放弃的铁马硬汉，他克服了痛苦和身体极限，而别人往往拿这些当借口。有一次，贾里格拍了张手部X光片，医生吃惊地发现他手上至少有17处已经愈合的骨折。在他的职业生涯中，他几乎每一根手指都被折断过，但他不仅没有放慢脚步，甚至从没提过一句。

另外，他以连胜出名，不断打破自己创造的纪录。他职业生涯中的击打率达到了令人难以置信的0.340，而这只是在重要赛事时被计算的结果，他的季后赛击打率达到了0.361（在两次不同的世界大赛中，他的击打率都超过了0.500）。在职业生涯中，他一共击出了495个本垒打，其中包括23个大满贯——这个纪录保持了70多年。1934年，他成为第三位赢得美国职业棒球大

① 美国职业棒球大联盟（Major League Baseball，MLB）是北美地区最高水平的职业棒球联赛，由29支美国球队以及1支加拿大球队组成。——译者注

② 连赛两场：按赛程一日内连续参加两场比赛。——译者注

联盟三冠王的球员，并且击球率、本垒打和打点[1]都在联盟中处于领先位置。他以1995次打点排名第六，这使他成功地成为比赛历史上最伟大的队友之一。他是两届MVP[2]、七届全明星、六届世界大赛冠军、名人堂成员，也是第一位拥有退役球衣的球员[3]。

虽然真正的连胜传奇始于1925年6月，贾里格当时取代了扬基队的传奇人物沃利·皮普[4]，实际上他从很小的时候就显露出了超凡的耐力。贾里格1903年出生于纽约的德国移民家庭，是四个孩子中唯一活过婴儿期的。他以高达14磅[5]的体重来到了这个世界，而他母亲做的德国菜似乎让他疯长起来。但同学的取笑则坚定了这个小男孩的决心，他被送到了他父亲的德国体操俱乐部，在那里，他开始锻炼他强壮的下半身，这让他后来因此得了很多分。因为身体天生的不协调，一位儿时的朋友曾经开玩笑说，贾里格的身体经常“表现得像喝醉了一样”。

他并不是有天赋的运动员，他在健身房里拼命锻炼。作为一个贫困的移民后代，生活并不容易。贾里格的父亲是个酒鬼，还有点懒散。他父亲的长期借口和病假不仅非常可笑，也令他感到

① 打点（run batted in，RBI）在棒球统计数字中是指击球者借由每次打席使垒包上的跑垒者或击球者本人都跑回本垒得分。其中包含球员被四坏保送或触身球而上垒、打出高飞牺牲打使垒上跑者得分。——译者注

② MVP是most valuable player的缩写，意思是最有价值的球员。——译者注

③ 球衣退役是指一个号码从此不再被该球队其他队员使用，以纪念球队伟大的球员（或教练组成员以及管理层成员），同时是优秀球员表现过去成就的一个展示，也以此纪念他们在球场上的出色表现。——译者注

④ 沃利·皮普（Wally Pipp，1893—1965），为美国职业棒球大联盟的一垒手，15年的职业生涯效力过老虎、扬基及红人队。1913年，皮普在老虎队出赛12场；1914年都待在小联盟；1915年加入扬基队，当时和法兰克·贝克并称扬基队的全垒打王。——译者注

⑤ 1磅≈0.454千克。

羞耻。这无疑激励着他，让他将可靠和坚韧变成自己的特质（这里要提到一点，他从没有缺过一天课）。值得庆幸的是，他的母亲不仅十分疼爱他，同时她那平静的、不知疲倦的职业道德为他树立了令人信服的榜样。她当过厨师，做过洗衣工、面包师和清洁工，她希望能给儿子一张通向更好生活的门票。

但是贫穷一直都伴随着他。“和卢一起上学的人，”一位同学回忆道，“都不会忘记寒冷的冬日，卢穿着卡其色衬衫、卡其色裤子和厚重的棕色鞋子上学，但没有穿大衣，也没有戴帽子。”他是一个可怜的男孩，没有人会愿意选择这种命运，但苦难确实塑造了他。

有一个关于斯多葛学派哲学家克里安西斯[①]的故事，他在寒冷的日子里走过雅典时，他的薄斗篷突然被一阵风吹开了。人们惊讶地发现，尽管当时天气很冷，但他身上几乎没有穿其他衣服。他们自发地为他的耐力鼓掌。贾里格也是如此，尽管他在扬基队的薪水使他成为美国收入最高的运动员之一，但在纽约的冬天，他也很少戴帽子甚至穿背心。直到后来，在他娶了一位善良且有爱心的妻子之后，他才被说服为她穿上了外套。

大多数孩子都喜欢运动。贾里格在比赛中感受到了更高的使命。棒球是一项需要控制和关爱身体的职业，因为身体既是成功的障碍，也是成功的载体。

贾里格两者都做到了。

他比谁都努力。“体格健康对他来说几乎是一种信仰。”一位

---

① 克里安西斯（Cleanthes），阿索斯（今土耳其西北部）的法尼亚斯之子，斯多葛学派哲学家。在学习哲学前他是个拳击手，后在雅典师从基蒂翁的芝诺，并成为斯多葛学派的领袖。——译者注

队友这样评价他。“我是棒球的奴隶，”贾里格说。一个心甘情愿的奴隶，一个热爱这份工作的奴隶，只要有机会继续打球，就会永远心存感激。

这种奉献给贾里格带来了巨大的回报。当贾里格进入棒球的职业生涯，他似乎在与神对话。他平静地站在那里，穿着一件今天任何球员都无法穿上的厚重的羊毛制服。他摆动着身体，不停交换着双脚的重心以适应他的击球姿势。当他挥棒击球时，他强壮的腿有力地协助他把球击出很远，远远飞出了球场。

很多击球手都有一个甜蜜点①；贾里格则可以击中任何地方，击打任何人投的球。他怎么做到的？他奔跑。对于一个因为拥有“钢琴腿”而被嘲笑的人来说，贾里格在他的职业生涯中有过十几次盗垒成功，这是非常了不起的事情。他并不只是依靠力量，他也有速度、有谋略、有技巧。

有的球员更有天赋、更有个性、更有才华，但没有人比他更努力，没有人比他更注重体能训练，也没有人比他更热爱比赛。

当你热爱你的工作时，你就不会弄虚作假，甚至是最微不足道的方面你也会尊重。贾里格从没有扔过球棒，甚至连倒拿球棒都不曾有过。他给管理层制造的唯一一次麻烦是，他们发现他在儿时生活的街区和当地孩子玩棍子球游戏（类似棒球的游戏），有时甚至在刚刚参加完扬基队的比赛之后。他就是不能放过任何参加比赛的机会……

尽管如此，在他的职业生涯中，一定也有感觉不对的时候，如当他想辞职的时候，当他怀疑自己的时候，当他感觉自己几乎

---

① 甜蜜点（sweet spot），指击球时的“最佳接触点”。——译者注

动弹不得的时候，当他对自己的高标准感到沮丧和厌倦的时候。贾里格不是超人，他和我们一样，他头脑中也会有个声音不断地在提醒他。他只是习惯了不去倾听。因为一旦你开始妥协，好吧，你就真的妥协下去了……

他说："我非常喜欢比赛。打棒球很辛苦，压力巨大，然而过程也很愉快，不过真的很难。"你可能会认为每个人都喜欢比赛，但这当然不是真的。有些人有天赋，但不希望接受挑战。另一些人可以做到一定程度的专注，但如果太难，他们就会退出。当时是这样，现在也是如此，即使是精英们也不例外。贾里格同时期的一位管理者形容这是一个"不在场证明的时代"——似乎每个人都准备好了借口。总有一个原因可以解释为什么他们不能全力以赴，不必坚守阵地，没有做好准备就出现在营地里。

作为一名新人，乔·迪马乔曾经问贾里格谁会为对方球队投球，或许他希望听到的是一个容易被击中的投手名字。贾里格解释道："乔，别担心这些，记住他们总是准备最好的球员对战扬基队。"因此，他也期望扬基队的每个成员都能发挥出最好的竞技水平。这就是一种共识：给予越多，期望越多。冠军的义务就是表现得像个冠军……要拼尽全力证明给其他人看。

贾里格不喝酒，不拈花惹草，不追求刺激，也不喜欢开快车。他经常说，他不是喜好社交与享乐的人。同时，他也明确表示："我不是传教士，也不是圣人。"贾里格的传记作者保罗·加利科比贾里格年长几岁，也是在纽约长大，他写道，贾里格这个人"简单的生活并不是出于自负和谨慎，也不是出于对个人成圣[1]的渴望。他有一种执着的、不断进取的野心。他想要一些东西。他选择了最明智、最有效的途径来获得它们”。

贾里格深知他的自律会让他错过一些乐趣。他也知道，那些过着快节奏或轻松生活的人同样会错过一些东西，他们无法充分发挥自己的潜能。自律并不是剥夺，它会带来回报。

尽管如此，贾里格也差点走“捷径”。他早期在小联盟[2]打球时是他的职业生涯低迷期，一天晚上他与一些队友出去喝得酩酊大醉，以至于第二天他在第一次投球时仍然晕头转向。但不管怎样，他不仅还能上场，而且打得比过去几个月都好。他奇迹般地发现，在两局之间喝上几口，那种紧张和多虑就消失了。

一位经验丰富的教练注意到了这一点并让贾里格坐下来。他以前遇见过这种情形，他知道走捷径的短期好处，也明白释放和快乐的必要性。不过他解释了这样做的长期代价，并指出如果不建立更可持续的应对机制，贾里格的未来将会是怎样的。最后我们被告知：“倒不是因为贾里格要宣扬什么正义的观点，认为喝酒就是错误的，而是因为他志存高远，他想要成为一名伟大而成功的棒球运动员。任何可能妨碍他实现这一抱负的事情对他来说都是毒药。”

对他来说，成为一名球员，成为扬基队的一员，成为第一代美国人，成为孩子们尊敬的人意义重大。

---

① 成圣（sanctification），是一个在各种宗教中广泛使用的古老概念，是指一个事物或者一个人成为神圣的过程。——译者注

② 美国职业棒球小联盟（Minor League Baseball，MiLB），简称小联盟，是美国职业棒球的一种等级制度以及伞状组织，依附于美国职棒大联盟之下并设立各个等级，由独立的商业组织经营。此制度给美国及来自世界各国的旅美棒球选手提供发展机会，并为大联盟赛事做好准备。——译者注

在前十个赛季中，贾里格仍旧与父母住在一起，他经常乘坐地铁前往体育场。后来，他在经济上很宽裕，但也只是在新罗谢尔买了一栋小房子。对贾里格来说，金钱充其量是一种工具，往坏处说是一种诱惑。随着扬基队不断赢得比赛，球队得到了升级的休息室，软垫座椅取代了旧的斯巴达式硬板凳。球队经理发现贾里格撕掉了一块坐垫。“我厌倦了坐在垫子上，”他在谈到一个处于巅峰时期的运动员的奢华生活时说，“车里有垫子，家里座椅上有垫子——我到的每个地方都有垫子。”

他知道舒适是敌人，而成功会遭遇一系列无休止的舒适的诱惑。当你一无所有时，很容易自律。当你拥有一切的时候呢？当你才华横溢无须付出的时候，你就不再自律？

贾里格选择了自我控制。这不是上级或团队强制执行的自律。他的节制是一种发自灵魂深处的内在力量。尽管有所牺牲，尽管其他人都放弃这种苦修并逃脱，尽管事实上别人无法发现——直到他离开很久之后，人们才了解到这一点，但他还是坚持自己的选择。

你知道吗，就在鲁斯打出了那个传奇的本垒打之后，贾里格也打出一个本垒打？他也没有摆出任何戏剧性的姿势。实际上，那是他的第二场比赛。你知道他们拥有相同数量的联赛冠军吗？还有鲁斯三振出局的次数几乎是贾里格的两倍？贾里格不仅以鲁斯不曾有的方式管理着自己的身体（鲁斯的体重暴涨到了240磅），也不断地审视自我。一位记者写道，贾里格是“淳朴的，没有一丝自以为是、虚荣或自负的痕迹”。团队永远是第一位的，甚至排在了他自己的健康之前。他愿意将头条新闻给到任何想要的人。

扬基队著名球员贝比·鲁斯

他可以不这样做吗？可以，但话又说回来，实际上不可以，因为他永远无法忍受不这样做的自己。

就连他的教练也曾开玩笑地抱怨说："如果所有的球员都像贾里格一样，那么棒球教练就没有工作了。"贾里格时刻做好准备，认真对待自己的训练，在休赛期也是如此，而且很少需要按摩或康复治疗。他对工作人员的唯一要求是比赛前在他的储物柜里放一颗口香糖，如果他们要打两场比赛，就放两颗。一位观察家曾经指出，贾里格不太在意自己的名声，但非常认真地履行他的义务。

竞技体育不仅仅是靠肌肉和天赋。通常没有一个正常人能够连续打那么多场比赛。有一次，三垒手的一次糟糕投球迫使贾里格在泥土中抢球，他的拇指插进了土里。在休息室里，他的队友认为他会破口大骂。"我的拇指劈了。"贾里格只说了这么一句。队友惊讶地回忆道："卢一声未吭，压根没有抱怨我投出的烂球，更没提因此对他的拇指造成的损伤。”当然，第二天他又回到了比赛阵容中。

1934年6月，一名投手投出的球将贾里格打晕后，开玩笑说：“我猜连胜已经结束了。”在那可怕的五分钟里，贾里格一动不动地躺在那里，似乎要离开这个世界——在没有头盔的时代，球员死亡的可能性非常大。他被紧急送往医院，即使颅骨骨折的X光检查结果为正常，大多数人也预测他会休息两周。然而第二天，他又回到了击球手的位置。

然而，当下一个球向他飞来时，你可能会预料到他会犹豫、退缩。这就是为什么投手有时会成为击球手，因为这会让他们变得谨慎，击球手自我保护的本能会让他们退后一步，而比赛中的任何一毫秒都可能会改变一切。与此不同的是，贾里格选择上前一步，然后完成了一次三垒安打。几局后，他又完成了一次三垒安打。在比赛因下雨而取消之前，他完成了他的第三次三垒安打……当时他正逐渐从对脑部几乎致命的一击中恢复过来。“这种事情不能阻止我们日耳曼人。”这是他赛后唯一的评论。

是什么促使一个人以这种方式推动自己？有时，这只是为了提醒自己的身体谁才是主人。他说：“我必须马上证明自己，我想确保头部的重击不会让我在比赛中退缩。”

贾里格也许并不追求个人成圣，但事实证明他实现了这一点。他的一位队友说：“地球上没有人比他更优秀，他不喝酒、不嚼烟叶或抽烟。他每晚九点三十分或十点就睡觉。”超级完美的习惯为他赢得了难以置信的尊重。这是为什么？穆罕默德·阿里后来也说：“当一个人能够管理好自己的生活、身体需求和低级自我时，他自己就会得到提升。”

有一个关于贾里格在扬基队的第一场比赛时发生的故事，当时他已经开始连胜。那天他被球击中了。“要我们带你出去吗？”球队经理问。据说贾里格惊呼：“绝对不要！我花了三年时间才有机会参加这场比赛，头上的一个裂缝绝不可能让我离场。”

17 年后，他终于要离开球场了，这远比一次暴投①要严重得多。对于一个早已习惯于自我管控的人来说，当他的身体反应异常时他一定感到非常困惑。变化是缓慢但明显的，他的挥棒不再那么快了。他挣扎着戴上手套，他在穿裤子的时候摔倒了，他走路时脚不听使唤。然而，他纯粹靠着意志让他看上去正常，几乎没有人怀疑他有什么不对劲。一时间，他连自己都骗了。

贾里格在 1938 年 8 月的赛程表显示：扬基队在 35 天内打了 36 场比赛，其中十场比赛是双联赛，还有一次连续比赛了五天。他乘火车去了五个城市，行程已达数千英里。他的最终成绩为 9 次本垒打，38 分打点，击打率为 0.329。

对一名 30 多岁的运动员来说，贾里格没有缺席一场比赛、没有错失一局是非常了不起的。但在肌萎缩侧索硬化（ALS）②的早期阶段，贾里格做到这一点很不容易，他的身体受到了严重的破坏，使他的运动能力下降、肌肉萎缩、手脚抽搐。

在贾里格的身体完全垮掉之前，这几乎是一个完整的赛季。

---

① 暴投（wild pitch，WP），是棒球比赛中投手的一项数据，指的是比赛中投手所投出的球太高、太低或离本垒板太远，使得捕手在正常蹲捕时无法接住球，也让垒上的跑者进垒，甚至得分。暴投的球通常会通过捕手，跑到本垒板后方，以至于跑者可以轻易地进垒。——译者注

② 肌萎缩侧索硬化（amyotrophic lateral sclerosis，ALS），英国常叫运动神经元病（MND），法国又叫夏科（Charcot）病，而美国也称卢·贾里格症（Lou Gehrig’s disease）。我国通常将肌萎缩侧索硬化和运动神经元病混用。——译者注

连胜好像自然而然。尽管在球场上偶尔出现一些不寻常的错误，贾里格仍在继续比赛，击球和跑动。

但是，一个了解自己身体的人，即使在不断地逼迫自己，不断地超越自己的极限，也深知何时要停下来。

在 1939 年 5 月的一天，他对扬基队经理说："乔，我总说当我感觉自己再也帮不上球队的时候，我会退出球队，我猜那个时间到了。"

"你想什么时候退出，卢？"麦卡锡问。退出，这个可怕的词在他心中激荡。他的经理乔还以为他们在谈论未来的某个日子，希望他们能有更多的时间在一起。但他的身体已经恶化得太快了。"就现在，让贝比·达尔格伦上场吧，"贾里格肯定地回答道。

到底什么改变了？经过数周的不稳定比赛，贾里格投出了一个滚地球并且成绩稳定。这在他的职业生涯中上演了数千次。但他的队友们为他庆祝，就好像他赢得世界大赛的本垒打一样。在那一刻，他知道他在拖他们的后腿了，他在欺骗自己。

丘吉尔曾经告诉哈罗学校的小男孩们"永不屈服，永不屈服，永不，永不，永不，永不——无论大小，无论伟大还是渺小，无论大事还是小事……决不向武力屈服；决不向敌人看似势不可当的力量而屈服。"在贾里格的一生中，他一直在以类似的方式进行抗争。贫穷没有阻止他，伤痛或者职业比赛成功的绝对概率也没有阻挡住他。他抵制住了诱惑，他拒绝向自满甚至疲劳屈服。当时的他正处于丘吉尔提出的两个例外之一：永远不要屈服于荣誉和理智之外的东西。在道路的尽头，贾里格所能做的就是用他加入职棒联盟时同样的自制力和姿态退出联盟。

贾里格的连胜始于“咆哮的20世纪20年代”，在大萧条中持续发挥，并在1938年世界大赛[①]的时候达到顶峰，但结束和开始时一样有着不好的预兆。一些新人在一垒崭露头角，这让他的接班人道格伦大吃一惊，他正承担着很高的预期。贾里格只能说：“祝你好运。”

当通过扩音器向底特律现场约12 000名观众喊出首发阵容时，播音员同样惊呆了。在过去的2130场比赛中，第一次没有叫到贾里格的名字。尽管如此，播音员还是忍不住说：“给卢·贾里格来点掌声吧，他在今天坐上替补席之前已经连续打了2130场比赛。”人群中坐着在那里出差的贾里格的一位朋友，也是独一无二的沃利·皮普，贾里格在14年前第一次取代了他，而他正在努力理解这意味着什么。接着人群中爆发出持续不断的掌声。

贾里格挥了挥手，退到了休息室里。他的队友们默默地看着“铁马”崩溃哭泣。

你必须在你还有机会的时候尽力而为。生命很短暂。你永远不知道什么时候无法参加比赛，什么时候你的身体会无法应对，所以不要浪费时间！

1939年7月4日，他最后一次穿着队服进入扬基体育场。现在，他已经无法控制长期为他服务的肌肉了，他只剩下了他自己、他的勇气和他的自制力。然而，从另一种意义上说，这是

---

① 世界大赛（World Series）是美国职棒大联盟每年10月举行的总冠军赛，是美国以及加拿大职业棒球最高等级的赛事。由美国联盟冠军和国家联盟冠军进行7战4胜制的总冠军赛（除了1903年、1919年、1920年和1921年，当时采用9战5胜制），获胜的一方获得世界大赛奖杯。——译者注

一场如同以往的与他身体的斗争——与疲劳的斗争、不断挑战自我的斗争。他原本不想说话，但人群高呼：“我们要卢！我们要卢！”他努力控制自己的身体，他说出的话将证明阿里的观点——当我们掌控了低级自我时，我们就将自己提升到了更高的层次。他一边说，一边试图让自己保持冷静：“在过去的两周里，你们一定听到了关于我的糟糕的消息。不过今天，我认为自己是地球上最幸运的人。”

就像我们所有人一样，好运最终会被耗尽。

1941 年，《纽约时报》写道：“10 点 10 分，死亡降临昔日的‘钢铁侠’。棒球名录上到处都记载着他的壮举。”然而，记录簿或者其他什么记载都无法真正展示他的传奇经历。

葬礼只持续了八分钟。看着这个男人的亲朋好友们，神父觉得没有必要使用华丽的悼词。神父谈到他时说：“我们不需要什么辞藻，因为你们都熟知他。”不需要颂歌，他的一生、他的榜样不言自明。

就像卢·贾里格一样，我们每个人都在与我们的肉身形态做斗争。首先，要掌控它并充分发挥其潜力。其次，当我们变老或生病时，要阻止它的衰退，尽我们所能使得生命延续。你必须明白，身体是一种隐喻。这里说的是一个训练场，一个思想和灵魂的试验场。

你愿意忍受什么？

没有身体的话，你能做什么？

你会让自己经历什么？

你能用它生产什么？

你说你热爱你所做的事情，你的证据在哪里？你有什么连续的表现可以证明？

我们大多数人没有数百万的粉丝观众，没有数百万美元的奖金可以激励我们，也没有教练或培训师监督我们每天的进度。我们的职业也不需要赛前控体重。这实际上使我们的工作和生活变得更加艰难——因为我们必须成为自己的管理者、自己的主人。我们要对自身条件负责。我们必须监控自己的摄入量，决定自己的标准。

非常好。

真正敬业的人对自己的要求比任何外部的要求都高。节制并不是一个特别性感的词，也不是最有趣的概念，但它能将你引向伟大。

节制，就像一把淬炼过的剑，简单而谦虚。除了我们的决心和韧性以外，我们在所有事情上都要保持坚韧和自制。

我们应该为自己、为我们的目标、为比赛继续前行。我们要不断提高自己，保持纯洁，并且要坚强。

在我们的身体征服我们之前征服它们。

Attack the Dawn

向黎明发起进攻

托尼·莫里森[①]总是很早就起床开始写作，非常早。她会在黑暗中静悄悄地行动，煮好第一杯咖啡。坐在她小公寓里的办公桌前，当她头脑清醒、太阳升起、阳光洒满房间的时候，她就开始写作。多年来她一直这样做，不只是作家有这种世俗的仪式感，那些一直忙碌而有自驱力的人也会这样做。

她后来回忆道："作家们都想方设法找到获取灵感的那种方式，这似乎成了一种管道，或者一种他们参与的神秘的过程。对我来说，光是转变中的信号。灵感并不是在光中，而是在光线到来之前就在那里，应该说光激发了我的灵感。"

当然，这种方式既实用又能慰藉心灵。在莫里森职业生涯的初期，她还是一位带着两个小男孩的单身母亲。她在兰登书屋担任编辑的工作和孩子们占据了她白天的全部时光，到了深夜，她筋疲力尽，累得无法思考。只有在天黑后和黎明太阳初升之间宝贵的清晨时光，在她的孩子们醒来喊她"妈妈"之前，在一堆工作手稿需要她关注之前，在通勤之前，在打电话之前，在账单需

① 托尼·莫里森（Toni Morrison，1931—2019），美国黑人女作家，诺贝尔文学奖获得者。她被誉为美国当代文坛最重要的女性作家。她不但是第二位获得诺贝尔文学奖的女性作家，更是第一位黑人女性获奖者。——译者注

要处理之前，在盘子需要刷之前做，只有那个时候，她可以成为一名作家。

清晨，她是自由的。清晨，她非常自信、头脑清醒、精力充沛。清晨，生活的义务只存在于理论上，不存在于事实上。清晨，所有重要的、所有的一切都只关乎故事，关乎灵感和艺术。

1965 年，她开始写她的第一部小说，当时 34 岁的她刚刚离婚，作为为数不多的黑人女性在一个白人男性统治的行业里挣扎。不过在她看来，这就是她“人生的巅峰”。她不再是个孩子，正如她所有要承担的责任一样，一切都很简单明了：她的孩子们需要她是一个成年人，她未完成的小说也是如此。

醒来。

出现。

到场。

尽你所能去做。

她做到了。1970 年出版的《最蓝的眼睛》（*The Bluest Eye*）好评如潮。她随后又写了十部小说、九部非虚构作品、五部儿童读物、两部戏剧和一些短篇小说。她获得了一个国家图书奖、一个诺贝尔文学奖和一枚总统奖章。然而，在所有的喝彩中，她最自豪的莫过于她是一位伟大的母亲，一位伟大的职业母亲。

当然，早起并不是有趣的事情。即便是那些从中受益一生的人，仍然在为此挣扎。你认为你不是能够早起的人？没有人是。[①]

但至少在早上，我们是自由的。海明威谈到他早起是因为“没有人打扰我，天气凉爽或有些寒冷，我开始工作，一写起来

---

① 虽然我们可能会说早起并不适合所有人，实际上几乎所有人都可以做到。

就温暖了”。莫里森发现自己只有在早上更加自信，在没有被白天耗尽精力之前，她的头脑很清醒。和我们大多数人一样，她意识到自己“在太阳下山后变得不是很聪明，不是很机智，也不是很有创造力”。有谁经过一天无聊的谈话、挫折、错误和疲惫之后能做到呢？

这无关聪明与否。首席执行官（CEO）们早早地去健身房是因为那时他们有自制力。人们在早上阅读和思考是因为他们知道之后可能就抽不出时间了。教练比其他人先到场是因为他们以这种方式参与比赛。

赶紧起床开始工作。

趁你还清醒，只要你能。抓住天亮前的那个几个小时，抓住交通拥堵前的那几个小时。趁没人注意的时候，趁其他人还在睡觉的时候抓紧时间。

在马可·奥勒留的《沉思录》中，我们听到世界上最有权势的人试图说服自己在黎明时分起床，而他的下半身却拼命地想躺着。他质问那个不情愿的自我：“这就是我被创造出来的目的吗？蜷缩在毯子下面取暖？”

是的，躺着更舒服。但这就是我们生来的目的吗？感觉不错？你就是这样浪费生命赐予你的礼物，时光一旦逝去将永远不会再拥有？“你难道没有看到植物、小鸟、蚂蚁、蜘蛛和蜜蜂都在做着各自的任务，它们尽其所能地让这个世界秩序井然吗？”“作为人类，你不愿意履行你的职责？你为什么不追随你的本能呢？”

然而，数千年后，我们仍在按下闹钟上的小睡按钮。我们浪费了一天中最高效的时间，我们拒绝了没人打扰、不会分心、世界上其他地方的人还没起床工作的这段时光。那么现在，趁着头脑清醒，趁着晨露依然闪光的时候，让我们尽情绽放。

安静的早晨看起来如此神圣，也许是因为我们正在延续我们祖先的传统，他们很早就起来祈祷、耕种，从河里或井里取水，并在太阳暴晒之前穿越沙漠。

当你起床困难的时候，当你觉得一切很艰难的时候，提醒自己从何而来，提醒自己什么是传统，提醒自己什么才是利害攸关的。就像莫里森一样，想想她的祖母，她有更多的孩子，生活得更加艰难。想想莫里森本人，她显然生活得不易，但她仍然起得很早。

想想你是多么幸运。很高兴自己醒着（因为这比另一种选择要好，那就是我们总有一天要迎接的死亡），很高兴能做自己喜欢做的事情。

珍惜时间，但最重要的是利用好时间。

The Strenuous Life Is the Best Life

艰苦的生活是最好的生活

乔治四世是个出名的"吃货"。他的早餐包括两只鸽子、三块牛排、几乎满满一瓶葡萄酒和一杯白兰地。随着时间的推移，他变得非常肥胖，以至于无法再躺着睡觉，否则他胸部的重量可能会使自己窒息。他签署文件也很困难，最终他让侍卫在他的签名处盖上印章，以节省他的体力。尽管如此，他还是有几个私生子，却基本忽略了国王该做的事情。

乔治四世显然是那种认为自己不受健康和人类规则约束的人。他的身体可以被任意滥用而不会产生任何后果。1830 年夏天的一个凌晨 3 点 30 分，多年的坏习惯和萎靡不振最终使他离开了这个世界，他的遗言是：

"天哪，这是什么？"

然后他意识到了那是什么。

"我的朋友，"他紧握着侍者的手说，"这就是死亡。"

就好像他突然惊讶地发现自己是凡人一样……四十年来，他一直把自己的身体当作垃圾桶一样对待，后果很严重。

有没有人靠暴饮暴食走向了幸福呢？

没有。

那走向了什么呢？英年早逝？痛苦磨难？满是悔恨？

是的，你都猜对了。

让我们来看看曾与卢·贾里格并肩作战的贝比·鲁斯的饮食。他的早餐是1品脱[①]姜汁威士忌，然后是牛排、四个鸡蛋、炸土豆和一壶咖啡。下午的点心是四个热狗，每个还得配上一瓶可口可乐。他会吃两顿晚餐，每顿都一样：两块上等牛排、两片淋上蓝纹奶酪酱的生菜、两盘农家油炸土豆，然后是两个苹果派。哦，在两顿晚餐之间，他又干掉了四个热狗和四瓶可口可乐。

需要补充的是，鲁斯曾因喝了太多碳酸饮料和吃了太多热狗而被紧急送去医院。

吃的时候很开心，但回味起来很苦涩。

鲁斯曾经对贾里格说："听着，卢，不要成为一个傻瓜，保持状态，不要让自己变得软弱。我之前犯了很多错误。我吃得不对，我的生活方式也不对。后来我不得不为所有这些错误付出代价。我不希望你做同样的事情。"

贝比·鲁斯出色的运动表现虽然鼓舞人心，但同时也带着一丝悲凉。如果贝比·鲁斯更加自律，他能取得什么样的成就呢？他身后会留下什么伟大之处吗？是的，因为即使是伟人也可以更伟大。

纵欲的快乐总是稍纵即逝。这就是为什么自律不是拒绝快乐，而是拥抱快乐的一种方式。善待我们的身体，节制我们的欲望，努力工作，锻炼身体，保持忙碌——这些都不是惩罚。快乐会作为这些工作的奖励。

---

① 品脱是容积单位，主要在英国、美国使用。1英品脱≈568毫升。1美品脱≈473毫升。

让我们对比一下乔治四世与另一位国家元首西奥多·罗斯福总统。现在，如果有人能为久坐不动的生活找借口，那一定就是西奥多·罗斯福。他生来就是一个体弱多病的男孩。他的兴趣是做学术。唯一比他的近视眼更糟糕的是他的肺，它似乎一有压力就会罢工。

他曾对父亲说："别骂我，否则我会哮喘。"

在许多个晚上，他的话都应验了。可怕的症状几乎使他丧命。

但在父亲耐心的鼓励下，他开始锻炼身体。从街边的健身房开始，然后是家庭门廊上的健身房，再到哈佛大学的健身场地，罗斯福不仅重塑了自己的身体，也重塑了自己的生活，并且从某种意义上说，他也重塑了世界。他称之为"艰苦的生活"，要有行动，要运动，最重要的是要锻炼。

散步、划船、拳击、摔跤、远足、打猎、骑马、踢足球，罗斯福热衷于各种运动。他几乎没有一天不积极锻炼、运动或者融入大自然中。即使在当总统期间，他也非常活跃，活跃的程度足以让年轻人汗颜。罗斯福写道："在白宫时，我总是试图在下午锻炼几个小时。"

一天几个小时！作为总统！

你觉得谁早上醒来时感觉更好？是懒惰的乔治国王？他的生活就是享乐。还是偶尔肌肉酸痛的罗斯福？他选择了"艰苦的生活"，他打网球，或在波托马克河里冬泳。即使他受伤了（例如，在担任总统期间，他有一次因拳击导致一只眼睛失明），他也过得更好！

你认为罗斯福会对我们久坐不动的数字生活有什么看法？他会接受我们太忙或太累的借口吗？

我们来到这个世界不只是为了活着。我们在这里不只是为了四处闲逛和找乐子。大自然赋予了我们不可思议的礼物。我们是顶级捕食者，是数百万年进化的独特的产物。你将选择如何使用这笔赏金？还是让你的资产缩水？

这不仅是个人的选择，还会影响到我们所有人。

由于健康或身体的原因，有近一半的美国年轻人实际上没有达到服役资格。放纵不是小事，暴饮暴食非常糟糕。这不仅是一个关乎生存的问题，更是一个关乎国家安全的问题。

如果伟大是我们的目标，如果我们想成为社会上有所成就、勇敢的一员，我们就需要照顾好自己的身体。不仅在健身房，在厨房也是如此。健康饮食，不滥用药物或饮料，做适量运动，可以减轻身体负荷。你是一辆高端的赛车，要加好油。

"显然，哲学家也应该为体力劳动做好充分准备，"斯多葛学派的穆索尼乌斯·鲁弗斯[①]解释说，"因为美德也需要身体才能完成生活事务。当我们训练自己适应寒冷、炎热、口渴、饥饿、匮乏的口粮、坚硬的床铺、禁欲以及忍受苦难时，我们同时训练了身体和心灵。身体因此强壮，变得能够忍受苦难，继续学习并准备好接受任何挑战。"

生活中充满了各种各样的困难和挑战。工作不会总是一帆风顺。但是锻炼呢？锻炼在我们的掌控之中。在这个封闭的空间，唯一的潜在障碍是我们的决心和承诺。

游泳、举重、柔道训练、徒步，你可以选择任何方式，但有

---

① 穆索尼乌斯·鲁弗斯（Musonius Rufus），生活于公元一世纪，古罗马斯多葛主义四大哲学家之一。他不仅在所生活的时代倍受推崇，也作为哲学家爱比克泰德的老师而被后人铭记。他被视为"罗马的苏格拉底"。——译者注

一点很重要：你必须积极主动，实现你的每日目标。正如塞涅卡告诉我们的，要严格管理身体，以免它不服从于心灵。因为在你锻炼肌肉的同时，你也在锻炼自己的意志力。更重要的是，在你建立这种意志力和力量的时候，大多数人没有这样做。

在 1902 年美国煤炭行业大罢工期间，你觉得罗斯福不会感到疲倦吗？你不觉得在媒体上与信托公司和它们的律师及代理人抗争会很累吗？你能想象到他在演讲前被刺客的子弹射穿胸膛时的感受吗？

是的，他想要逃离。是的，他知道正在挑战他的极限。是的，他知道他可以少做点，其他领导人也觉得没有义务做这么多。但他永远不会允许自己放弃。

他继续前进。他在这方面经验丰富。他熟悉脑海中那个微弱的声音，疲倦和虚弱的声音，但这并不会引起他的关注。

他经受过这样的磨炼。

他知道自己能做什么。

他已经重塑了他的身体，现在他可以让它做需要做的事情。

Quit Being a Slave

不做奴隶

他在诺曼底登陆。

他率领盟军击败了纳粹军队并占领了德国。

他出版了回忆录，发了大财。

1949 年，剩下的只需征服自己了。

在经历了一生的战斗之后，在经历了一生的意志斗争后，德怀特·艾森豪威尔[①]给自己下了这个命令：**戒烟**。

就这样，他开始与一个跟随了他 38 年的嗜好做斗争。对他而言，这似乎没什么，但每个瘾君子都知道，战胜内心的恶魔比战胜任何外在的敌人要难得多。“公众人物很少拥有艾森豪威尔的意志力，”传记作者让·爱德华·史密斯写道，“作为一个每天吸 3 到 4 包烟的‘资深’烟民，艾森豪威尔戒掉了这个习惯，再也没有碰过一根烟。”

他告诉助手：“停止吸烟的唯一方法就是停下来，于是我就停下来了。”没有人“逼迫他”，也没有人能做到，但他认为自己有责任强制执行。这无疑延长了他的生命。他保护并掌控自己

① 德怀特·艾森豪威尔（Dwight Eisenhower，1890—1969），美国第 34 任总统、五星上将，德裔美国政治家、军事家。——译者注

的身体，这使得他有能力为世界服务。在那充满压力和紧张的时期，他先是领导北约，然后是担任美国总统。

你呢？你对什么着迷？如果不做，你会有什么麻烦？

1949 年的一个下午，也就是艾森豪威尔戒烟的同一年，物理学家理查德·费曼[①]正忙着他的试验时，他突然想要喝上一杯。不过这不是那种强烈的渴望，而是一种令人不安的酒瘾，这与一个人通过努力工作获得的快乐完全不同。于是费曼决定戒酒。他觉得，没有任何东西应该掌控他。

正如歌词所说，要在他想踢自己之前选择退出……

永远不
这是你的誓言
很久以前

这种自我掌控观点的核心思想是对任何要控制我们的事物做出本能反应。正如一位成瘾专家所说，当他们失去了“弃权的自由”时，谁还能获得自由？

我们说要自制，但我们心甘情愿地将自己交给我们的习惯来管理……我们做习惯让我们做的事情。习惯告诉我们，如果没有它们，我们会不快乐、饥饿、孤独、痛苦、虚弱。

这是多么可悲的事情？

塞涅卡曾经要求：“给我找一个不是奴隶的人。”他指出，即使是奴隶主也被奴隶制度的责任所束缚。“一个是金钱的奴隶，

① 理查德·费曼（Richard Feynman，1918—1988），美籍犹太裔物理学家，加州理工学院物理学教授，1965 年诺贝尔物理学奖得主。——译者注

另一个是野心的奴隶；所有人都是希望或恐惧的奴隶。”他说，第一步是不管发生了什么都要让自己摆脱不经意的依赖感。之后你需要让自己纯粹，摆脱你对工作的沉迷，摆脱你对权力的渴望，等等。在现代，我们可能会沉迷于香烟或软饮，喜欢社交媒体或观看有线电视新闻。这样做是否被社会接受并不重要，重要的是这样做是否对你有好处。艾森豪威尔的习惯正在伤害他，就像我们许多人一样，过程是缓慢的，在不知不觉中发生的。

但即使它们没有在伤害我们，即使它们是无害的，我们为什么要听从它们的命令……或者此时此刻看起来几乎与我们的身体相连的物理设备（如手机）？身体不能掌控我们，习惯也不能。

我们必须是自己的主人。

从某种角度来说，习惯本身没有我们真正要戒掉的东西重要，我们要戒掉的最重要的东西是依赖感。佛教徒称之为贪爱。也是饥渴、渴望。也许随着时间的推移，你可能又去寻欢作乐——不管它是什么，不管你做的是什么。所以你首先必须戒掉习惯。这里说的不是喜欢，也不是什么饮品，而是“需要”。这种需要才是痛苦的根源。

我们为世界上很多才华横溢的人感到悲伤，他们体内的“寄生虫”摧毁了他们的人生（这些寄生虫需要被喂养、不断喂养，但它们永远都吃不饱）。这不仅是个人要付出的代价，也是我们所有人都要付出的代价，这代价是在那些从未谱写过的交响曲中，在那些从未完成过的壮举中，在那些从未做过的好事中，以及那些在平凡的日子里从未实现的潜力中。

我们必须记住，除了痛苦和残酷之外，奴隶制是一种极其低效和低劣的经济体系。为什么要选择成为其中的一员？！特别是当我们做事感觉越来越糟糕的时候？

这是一个很有启发的测试：如果今天发明了一样东西，你会开始用它吗？如果现在有人第一次向你推荐酒精，你明知它的成分和风险，你还会喝吗？如果今天推出了一款 App，你明知你将要花费很多时间在它身上，你还会下载它吗？如果你知道升职和成功会让你富有，但会使你离婚并且不开心，你还会在很多年前把它设为目标吗？仅仅因为你开始了，并不意味着你必须继续下去。你当时不知道的事实并不能改变你现在的选择。

每个人都有应对机制帮助自己减轻压力……但很快，在数量足够多的时候，它们就会完全削弱我们的优势。这些东西可能在某些时候会让我们安心，但它们不是我们的朋友。这就是贾里格的教练试图告诉他的，当时他发现贾里格在比赛前因为紧张而喝了一口酒。他说，**你不会喜欢这条路的尽头，酒精成瘾的结局都是一样的**。

无论坏习惯是什么，无论是什么在主宰着你的生活，无论这样做是否被社会所接受，你都必须戒掉。无论是自己戒掉，还是在其他人的帮助下戒掉，不管它是什么你都必须戒掉。

每个人，无论他多么强大，都有一些他正在与之搏斗的坏习惯，但现在回头决定戒掉它，永远都不会太晚。

那时，艾森豪威尔 58 岁，他抽烟的这个习惯本身都已经接近中年。

那也没有关系，重要的是我们今天要行动起来。

我们选择不再做奴隶。我们选择自由。

我们拯救自己是为了拯救（并继续拯救）世界。

Avoid the Superfluous

避免过度

老加图从来没有穿过一件价值超过几美元的衣服。他和他的奴隶喝同样的酒，他经常和他们一起在田里劳作。他在公共市场购买食物。他拒绝上流社会的昂贵服饰。

他说："如果它是多余的，就没有便宜可言。"

如果他不需要，他就不会买……如果他不在乎，他就不在乎其他人是否在乎。但这种节俭的重点不是剥夺，而是独立。加图受到英雄马尼乌斯·库里乌斯[①]的启发，而住在一所简朴的房子里。在库里乌斯这位伟大征服者的鼎盛时期，一些人被派去贿赂他，但发现他正在厨房里煮萝卜。刹那间，他们知道自己的使命完成不了。一个欲望如此低的人永远不会被诱惑。

当我们的欲望超过我们的需要时，我们就更容易受到伤害。当我们自己过度膨胀时，当我们不断追逐时，我们就越发不能满足。这就是为什么加图拒绝昂贵的礼物，为什么他无偿从事政治工作，为什么他出行时很少带仆人，一切都保持简单。

曾经有人问一位斯巴达国王，斯巴达人从他们的"斯巴达

---

① 马尼乌斯·库里乌斯（Manius Curius），古罗马军事活动家和政治家。他曾经 4 次当选为执政官，1 次当选为监察官。他因领导罗马军队取得第三次萨莫奈战争的胜利而名垂史册。——译者注

式”习惯中得到了什么。国王告诉他：“自由是我们从这种生活方式中收获的东西。”

拳击手鲁宾·卡特[①]在19年的错误监禁中幸存下来。他是怎么做到的？帮助他渡过难关的不是他的财富，而是相反的东西。他故意剥夺了自己在监狱里最基本的设施：没有枕头，没有收音机，没有地毯，没有电视。为什么要这样做？因为这样就再没有什么可以从他身上剥夺的了，看守也就无法对他施加影响。

对自己苛刻一点，别人就很难对我们苛刻了。通过严格要求自己，我们就不会让别人对我们有控制权。

一个特意生活得节俭的人比一个不能这样做的人拥有更大的自由度。这就是为什么艺术家米开朗琪罗虽然没有像加图那样生活简朴，但他避免了接受富有的赞助人赠送的礼物。他不想欠任何人的人情。他明白，真正的财富是拥有自主权。

加图或米开朗琪罗的生活看上去有些艰苦，但这样的生活更轻松，少了很多担心，没有那么多人需要顾忌。没什么值得羡慕……也不用害怕嫉妒者会从你身上夺走什么。

请记住：没有人比一个过度膨胀、债台高筑的人生活得更为凄惨，没有人比不能失去自己高薪工作的人更加焦虑，没有人比被困在跑步机上越跑越快但无处可去的人更没有自由。

我们会开玩笑地说，没有我的“奢侈品名单”我会无法生存。怎么会有人愿意过那种艰苦朴素的生活？因为他们意志坚定。

---

① 鲁宾·卡特（Rubin Carter，1937—2014），美国中量级拳王，曾蒙冤入狱，在狱中著有《第十六回合》一书，1985年重审被判无罪，出狱后入选新泽西拳击名人堂。——译者注

编辑麦克斯韦尔·珀金斯[①]在他的壁炉架上写道："一个人越有钱，需求越少。"当你去掉不必要的和过度的，剩下的就是你本身，而剩下的才是重要的。

你怎么知道有没有多余的东西？嗯，一个迹象是看其他人对你施加了多少压力。没有安全感的人会选择像其他人一样。另一个迹象是你的兴趣在多大程度上是由跟上别人或害怕错过所激发的。问问你自己：没有这些，我和其他人不也生存了很长时间吗？上次我得到了我渴望的东西时感觉如何，这种感觉持续了多长时间（与买家懊悔[②]相比呢）？你怎么知道这些事物实际上并不会让你的生活更轻松？因为，真的最后一件都没有！去检查一下你放杂物的抽屉或壁橱后面，你会看到证据。

想想几年前你还没有拥有这么多的时候的满足感。当时的你是多么节俭……只有生活必需品。那时你没有那么多需求。回首往昔，当你努力奋斗的时候，你觉得匮乏吗？觉得苦涩吗？

通常不会。那些都是快乐的日子。我们很想念那些时光。那时事情更简单、更纯粹、更清晰。对于未来的大部分奢侈品，那时我们可能都不知道，也不渴望它们，甚至不曾想过会拥有它们！

它们只会让你更不自由，更有依赖性。

欲望越少，你就越富有、越自由、越强大。

就是这么简单。

---

① 麦克斯韦尔·珀金斯（Maxwell Perkins，1884—1947），曾编辑过欧内斯特·海明威、菲茨杰拉德和托马斯·沃尔夫及其他名家名作，被誉为最著名文学编辑。——译者注

② "买家懊悔"（buyer's remorse），它被用来描述一种特殊的遗憾、后悔的情绪。这种情绪通常在有大笔支出时出现，比如购买了房子、车子之后，认为自己做了一个错误的决定，从而有了懊悔情绪。——译者注

Clean Up Your Desk

清理你的办公桌

罗伯特·摩西[①]不是一个和善的人，但他很有效率。在他掌权的几十年里，他完成的工作超出了人们的想象。他建造了占地面积 10 389 平方公里的公园、658 个游乐场、669 公里的公园道路、13 座桥梁，各种住房、很多隧道、体育场、市政中心以及展览馆，在纽约总共完成了约 270 亿美元的公共工程。他不仅把自己的工作做得很好，还把很多其他工作做得很好，同时兼任 12 个职位，包括纽约市公园专员、国家电力委员会主席以及三区大桥和隧道管理局主席，他做这些工作超过 44 年。

穿过西区的高速公路，跨过哈莱姆河的三区大桥，还有前往尼亚加拉大瀑布州立公园，可供游览的琼斯海滩……这些都是罗伯特·摩西设计的。因为罗伯特·摩西，你可以在阿斯托利亚公园游泳池里游泳，可以参观 1964—1965 年纽约世界博览会，还可以在中央公园动物园、谢伊体育场、布鲁克林—炮台公园隧道、琼斯海滩剧院、林肯中心等地发现罗伯特·摩西留下的印记。

他的传记作者罗伯特·卡罗说，罗伯特·摩西在 1924—1968 年间成功地塑造并定义了纽约市，他的成就值得好好衡量，这种

---

① 罗伯特·摩西（Robert Moses，1888—1981），美国康涅狄格州人，20 世纪纽约建筑大师，1927—1929 年担任纽约州务卿。——译者注

衡量不是针对他的前任和继任者，或者针对其他城市，而是针对整个文明。

他是怎么做到的呢？

纽约前州务卿罗伯特·摩西

当然是源于原始的“马基雅维利”式权力——这是一种近乎疯狂的职业道德，对附带的损害麻木不仁，对自己的行为产生的后果漠不关心。他雄心勃勃，想要在纽约的道路、公园和天际线上都留下自己的印记。但除此之外，无论你是尊重他还是鄙视他，你都应该知道，他成功的秘诀很简单：拥有一张干净的办公桌。

实际上，正如罗伯特·卡罗看到的，这并不算是一张通用的办公桌。罗伯特·摩西更喜欢在一张大桌子上工作，因为这让他更有效率，工作流程更顺畅。摩西坚信这样的工作流程：有东西进来，他就处理它。无论是邮件、备忘录还是报告，他没有放过任何事情，更不会有要处理的事务堆积。卡罗在谈到摩西的工作机制时写道：“由于这张桌子没有抽屉，所以没有地方可以藏文件；除了一件事又一件事地接连处理，没有任何办法可以摆脱这些烦人的问题或者难以回答的信件。”

通过保持办公桌和办公室井井有条，摩西完成了所有工作。

但是你呢？你被文件淹没了。或者在数字世界里，你邮箱里的收件箱已经溢出，你的电脑桌面上塞满了各种图标，你的手机里有无穷无尽的应用程序和项目。然后你想知道你为什么会有压力，为什么落后了，为什么找不到想找的东西。宝贵的几秒钟累积成宝贵的几分钟、几小时，统统花在了整理文件、滑动屏幕、搜索和移动文件（或应用程序）上。我们不可能不分心，最终我们被沉迷的这个烂摊子弄得筋疲力尽。

因此，作家格雷琴·鲁宾[①]的格言是：外在秩序，内心平静。

如果我们想好好思考并认真工作，那么并不是从头脑开始，而是从四处走动并清理开始。

莫里森解释说：“我告诉我的学生，他们需要知道的最重要的事情之一是他们什么时候最具有创造力。他们需要问自己，理想的房间是什么样的？有音乐吗？寂静吗？外面是混乱还是平静？我需要什么来释放我的想象力？”

无论我们从事何种职业，当被问到“你什么时候处于最佳状态”时，几乎没有人的答案是“当我淹没在文书工作，面对脏盘子、半空的水瓶和尚未清扫的地板的时候”。当举重片堆叠好、哑铃放在了正确的位置时，健身房中的训练会更有效。当车间整洁时，工人会更安全。当更衣室保持整洁时，球队的表现会更

---

① 格雷琴·鲁宾（Gretchen Rubin），著名作家，著有《幸福计划》《宅妈的年度幸福提案》《考察温斯顿·丘吉尔的四十种方法》等。她是热门杂志《好管家》的专栏作家，每个月都会在专栏中谈论关于幸福的一切。——译者注

好。当会议室整洁宽敞时，会议会更加高效。将军通过保持部队宿舍简朴整洁来保证部队自律。

完成伟大工作的空间是神圣的，我们必须尊重它。

因为一个习惯凌乱工作环境的人也会习惯草率地工作，一个不消除噪声的人将会错过来自缪斯女神的信息，一个忍受不必要摩擦的人最终会疲惫不堪。

当然，与其说是吐槽和修饰，不如说是关于有序或礼仪，就像斯多葛学派所说的那样。厨师们常说“一切注备就绪”，即在开始工作之前准备和整理好你需要的一切。没有任何东西溢出或撒到其他地方，没有什么过程是随机的，没有什么阻碍，没有什么能让任何事或任何人慢下来。

想象一下，如果你严明自律，主动把一切都安排好，你能做些什么。如果你承诺遵守秩序并要求自己执行。不要认为这是另一种义务，另一件需要担心的事情。因为你这么做，会使自己更加自由。

一旦系统就位，一旦秩序确立，那时我们才能真正放松，把自己交给创造力的奇思妙想，鞭策自己，去做大胆的发明或投资。

正如居斯塔夫·福楼拜[①]所言：生活要有规律、有秩序，这样才能在工作中充满激情并富有创意。

清理你的办公桌。整理你的床铺。让一切都井然有序。

现在就去做吧！

---

① 居斯塔夫·福楼拜（Gustave Flaubert，1821—1880），法国著名作家，以深刻的心理描写、现实主义风格、对人物和社会的清醒观察成就文学大师的地位，代表作有《包法利夫人》《萨郎宝》《情感教育》《圣安东的诱惑》等。——译者注

Just Show Up

只要在场

托马斯·爱迪生[①]从来没有思考过自己的才华。对他而言，这是一种很普通的品质，而且往往不被他看重。

“我没有想象力，”他曾经说，“我从不做白日梦，我也没有创造什么。”

如果你不喜欢爱迪生，你可能会认为这是爱迪生亲自承认从更出色的发明家尼古拉·特斯拉[②]那里窃取了他的发明。

不完全是这样，但他确实承认大部分功劳应该属于他的大脑以外的其他东西。

爱迪生说：“‘天才’日日夜夜地在他的实验室里徘徊，如果有什么发生，他会立刻抓住它；如果他没有把握住，它还是会同样地发生，只是它永远不会是属于他的。”

---

① 托马斯·爱迪生（Thomas Edison，1847—1931），世界著名的发明家、物理学家、企业家，被誉为“世界发明大王”，拥有超过2000项重要的发明专利。——译者注

② 尼古拉·特斯拉（Nikola Tesla，1856—1943），塞尔维亚裔美籍发明家、物理学家、机械工程师、电气工程师。1895年，他替美国尼亚加拉发电站制造发电机组，该发电站至今仍是世界著名水电站之一。1897年，他使马可尼的无线电通信理论成为现实。1898年，他制造出世界上第一艘无线电遥控船，无线电遥控技术取得专利。以他的名字命名了磁密度单位，表明他在磁学上的贡献。虽然他一生致力不断研究，并取得约1000项发明专利，但这并没有使他腰缠万贯，他长年经济拮据。——译者注

他所说的就是“出现在现场”。这似乎是不可思议的、被低估的时间的力量。爱迪生住在他的实验室里，从没有缺席一天，就像贾里格一样，即使他生病了、累了，或者遭遇了悲剧或灾难，他也不缺席。

我们可以追溯到的在他实验室里的“现代便利”，更多是归功于他的执行力而不是他的大脑，归功于连贯的综合能力而不只是纯粹的才华。这与灵感无关，需要的是开始工作。

在现场出现并开始尝试。踏上跑步机，拿起小提琴，回复一些电子邮件，编写一些场景，联系一些客户，阅读一些报告，举几下哑铃，慢跑一英里，从待办事项清单上划掉一件事，追踪一个销售线索。

它是什么并不重要。我们生活的方方面面都受益于这种受限制的自律。“只要你每天都在做事，这就是最重要的事情。”阿诺德·施瓦辛格对那些希望在疫情期间努力保持身材和工作效率，但又处于无休止的迷茫中的人这样说道。

在场出现，即使在以下几种情况下：

你很累
你不是非要做这件事
你有借口
你很忙
你不会因此被认可
它一直在折磨你

一旦完成某件事，你就可以在此基础上继续发展。一旦你开始，势头就会越来越好。当你在场时，你就开始变得幸运。

这样依旧很难吗？是的，但好消息是，正因为这很难，大多数人都不会去做。他们不在场。他们一天甚至都做不了一件小事。

所以，你是孤独的，在雨中独自站在赛道上。你是唯一一个在圣诞节还会做出回应的人。但是，能够领先的人，从定义上来讲，都是有些孤独的。

这也是早上很安静的原因。你给自己创造了机会。

不要担心打破什么纪录，只是按部就班去做就好了，不找借口。具有讽刺意味的是：这也是打破纪录的一种方式！

坚持是一种超能力。日复一日地保持意志力是非常罕见的。卢·贾里格是一名稳固的非投手球员和优秀的击球手。①但他的成功真正根源于他从没错过一天工作的事实。如果他没有患上肌萎缩侧索硬化症，还是以原本的速度继续前行，他很有可能会超过贝比·鲁斯的职业成绩。

尽管经历伤痛和疲劳，贾里格不仅能够出现在赛场，他还要克服厌倦、怀疑，或者完全找不到感觉的状况。就像我们所有人一样，他也有过消沉的时候，但他深知这意味着什么。作为一名小联盟球员，他在赛场上挣扎并考虑过退出。扬基队的老板派了一名球探来指导贾里格，让他了解击球率的基本数学知识。一个好的击球手击中率为0.300，而达到0.350就非常棒了，如果能达到0.400几乎是闻所未闻的。0.400意味着什么？**十次中有六次失败**。

---

① 这在很大程度上也适用于小卡尔·里普肯（Cal Ripken Jr.），他在56年后打破了贾里格的连续比赛纪录。

击球手也可以连续数天、数周不碰球！

这是球探告诉他的：

> 一个年轻球员能学到的最重要的一点是，他不可能每天都表现得出色。

你不必总是了不起，但你必须一直在场。重要的是时刻准备好下一次击球。

具有这样做的能力，再加上约翰·斯坦贝克[①]在写《伊甸园之东》时所说的忍受“无聊的日子”的能力——那些日子里似乎一切都是一团糟，当你没有灵感的时候，当你感到分心的时候，也没有停止——这是迈向伟大的第一步。

字面上的意思。

如果没有能力做到自律，你就不可能成为伟大的人。

事情一件一件累积。时间一天一天累积。

但这些数字只有累积到引起质变的时候才有意义。

---

① 约翰·斯坦贝克（John Steinbeck，1902—1968），美国作家，代表作有《人鼠之间》《愤怒的葡萄》《月亮下去了》《伊甸园之东》《烦恼的冬天》等。——译者注

Sweat the Small Stuff

关注小事

尽管他们是全国最优秀的新人，尽管他们几乎每天都这样做，约翰·伍登教练还是会在每个 UCLA[①] 赛季开始时都以简单的训练开始他的第一次团队会议。

“伙计们，”他说，“这就是你们穿鞋和袜子的方式。”

这当然不是他们所期望的。他们不会想到自己会从体育史上最成功的教练那里得到这样的指导。但实际上这正是他们所需要的，而且他们最终会明白，这是在球场上和生活中取得成功的真正秘诀。

篮球比赛是在硬地板上进行的，因此运动员的鞋子非常重要。鞋子穿得不合适会让脚上起水泡，进而导致感染、习惯性用某只脚、起跳错误、脚踝骨折或膝盖受伤。

伍登解释说：“我确实会向我的球员展示如何做到这一点，只需几分钟。拿起袜子，在小脚趾区域和脚后跟区域撑开，这样就不会有褶皱了，把它弄平。然后在你穿鞋的时候把袜子拎起来。脚在鞋子里必须伸展开，而不只是系上鞋带。你要把鞋面上

---

① 加利福尼亚大学洛杉矶分校（UCLA）是位于美国洛杉矶的公立研究型大学，被誉为“公立常春藤”。——译者注

每个孔眼紧紧地拉紧，然后系好鞋带。然后把鞋带上面系上两圈，这样它就不会松开了。我不希望你们的鞋带在训练中或比赛期间松开。”

当然，我们都会认为我们已经熟知这些了。

我们有更重要的事情要考虑。我们想做一些更令人兴奋的事情。不要那么多基本知识，不要那么多基础内容。

我们想要真正挑战自己，而不是浪费时间检查清单、在锻炼前做伸展运动、阅读说明而不是全身投入。

但这就是重点：只有先把小事做好，我们才能解决大问题。如果忽略了事务性的事情，无论做得多么出色，任何战略都不会成功。

伟大的海军上将海曼·里科弗①曾经说：“细节决定成败。”

正如鲁莽和不负责任的泽尔达·菲茨杰拉德②说的，只带着一些自我意识，反之亦然。她感叹道：“这就是隐患，这就是人们将自己吊死的地方③。”

通过形式上的专注，通过在小事上较真儿，我们让自己变得更强大。事实上，这远比我们只是冲进去让自己面对更难的问题要强得多。忽视小事会使我们变得脆弱。

哲学家爱比克泰德曾经问道：注意力不集中，结果会变得更好吗？当然不会！无论你是木匠还是运动员、投资者还是陆军军

---

① 海曼·里科弗（Hyman Rickover，1900—1986），美国海军上将，人称“核动力海军之父”。——译者注

② 泽尔达·菲茨杰拉德（Zelda Fitzgerald，1900—1948），美国小说家，作家弗朗西斯·斯科特·菲茨杰拉德的妻子。——译者注

③ 原文是“‘It is the loose-ends,’ she lamented,‘with which men hang themselves’”，意指阴沟里翻船的地方。——译者注

官，伟大之处都在细节中。关注细节需要自律，即使没有其他人注意或在意也要始此。

关于马的诗和谚语可以追溯到远古时代。故事是这样的：“因为少了一个马蹄钉，丢了一个马蹄铁；丢了一个马蹄铁，折了一匹战马；折了一匹战马，失了一个骑兵；失了一个骑兵，输了一场战役；输了一场战役，亡了一个国家。”**因为少了一个钉子，而亡了一个国家**。

因为一个水泡，比赛输了。

因为忽视小事，因为没有遵守自律，失去了一切。

拯救你自己，拯救世界，先把小事做好。

Hustle, Hustle, Hustle

迅速行动，快快快

几乎发生的每场冲突中，信件和调度信息都会堆积如山，这是最令人崩溃的事情。然而，出于恐惧，出于懒惰，出于管理不善，将军并没有调动他的部队。他们一生都在为战斗的那一刻训练着，但当这一刻真的来临，他们却迟迟没有动作。

在美国内战期间，乔治·麦克莱伦将军似乎就无法全身心地、迅速地投入战斗，这让与他共事的每个人都感到非常愤怒。林肯在实地拜访了这位按兵不动的指挥官之后，和自己的妻子开玩笑地说："如果我们静坐在那里的时间足够长，我们就要被拍照了。我觉得麦克莱伦将军应该没有问题。"林肯的一位秘书说，在林肯的极力催促下，麦克莱伦终于在 1862 年开始出兵，向李[①]发起进攻，但花了 9 天时间才渡过波托马克河。"他的动作太慢了。"林肯沮丧地说。

麦克莱伦是一名出色的军人。但是，在他过重的心理负担、他的保守主义、他的权利欲、他的偏执和他的谨慎措施的重压

① 这里是指罗伯特·爱德华·李（Robert Edward Lee，1807—1870），美国军事家，出生于弗吉尼亚。在美国南北战争中，他是美国南方联盟的总司令，在公牛溪战役、腓特烈斯堡战役及钱瑟勒斯维尔战役中大获全胜。1865 年，他在联盟军弹尽粮绝的情况下向格兰特将军投降，从而结束了内战。战后，他积极从事教育事业，曾任华盛顿大学校长。——译者注

下，他天生就无法迅速行事，无法应付紧急情况，不能对他人的期待有所行动。更糟糕的是，当他对敌人采取行动的时候他也是三心二意，还时不时停下来，就像他在安提塔姆会战[①]之后表现的那样，在他重创了李的军队之后，他却拒绝乘胜追击。

他拥有各种资源、非凡的才能和充足的战斗力。

但是他没有做到全心全意。[②]

诚然，他在炮火下很勇敢，然而他没有足够的勇气开始或结束一场他知道自己可能会输的战斗，他没有足够的自律来督促自己。

归根结底，战争与生活一样，都是关于动身和不断前进。即使可怕、困难或者充满不确定性，也要全心投入。

军事指挥官谈论敏捷的价值，以迅捷和激进的方式行动。

另一个更实用的词是迅速行事。无论是在商业、体育运动还是战斗中，所有伟人都具备。那些不具备的人呢？只能叹息原本会发生的事情。

那些会选择在不同时机尝试或者不尝试的人，很容易选择错误并且背叛他们的球队，就像曼尼·马查多[③]在2018年全国冠军联赛系列赛中的表现那样，他在将球远远地击入第二、三垒防守

---

① 安提塔姆会战（Battle of Antietam）是1862年9月17日在美国马里兰州北部安提塔姆发生的内战中乃至美国历史上日伤亡最大的战役。北方军麦克莱伦指挥的9万人的军队击退了南方军罗伯特·李指挥的4.5万人的军队向华盛顿的突进。这场战役之后，诞生了林肯的废奴宣言。——译者注

② 有人猜测，麦克莱伦这样做是希望双方都筋疲力尽，最后通过谈判达成和平协议，这样就可以在奴隶制不被改变的情况下维护联邦。

③ 曼尼·马查多（Manuel Machado），美国多米尼加裔职业棒球选手。他目前效力于美国职业棒球大联盟圣迭戈队，守备位置为三垒手及游击手。——译者注

球员之间后选择了慢跑。他在接受记者采访时说："沿线夹杀并滑入一垒，那不是我的个性，也不是我的风格，我不会那样做。"

想象一下卢·贾里格会怎么想？"永远拼尽全力，永不预测结果。"这是扬基队俱乐部的戒律。一个伟大的球员不应该被提醒这一点，它应该流淌在他的血液中。贾里格说："没有任何理由让球员不去努力。我相信每个球员都应该为自己、他的俱乐部和公众负责，在球场上抓紧每一分钟。"

如果你不是一个果断行事的人，那么你是谁？这让那些指望你的人怎么办？

尽管第二年马查多以自由球员身份签下了一份巨额合同，但这并不是与他心中首选的扬基队签约。球队老板解释了原因：不卖力的球员"不会在我们打棒球的地方"有个"好身价"。

作为球迷，评判和批评很容易，但这并不是体育（或战争研究）在我们生活中扮演的唯一角色，这应该作为一面镜子供我们反思。

我们每个人身上都有一点麦克莱伦的影子，都有一点马查多的影子。当我们累了的时候，我们会害怕，我们知道这将会很困难。我们得到了权利和虚荣，但我们没有抓住重点。我们不想看起来很愚蠢。

我们必须突破这一点。

拿破仑说，你可能会打败仗，但千万不要因为懒惰而失去哪怕一分钟。

我们中很少有人会拼尽全力。你是同事和客户在需要时可以信赖的人吗？还是说他们必须督促你，必须恳求你，或者必须一次又一次地重复情况的紧迫性？

如果是这样，他们会如何评价你？

因此，让我们鞭策自己变得更好，不断追赶并超越。我们够拼是因为我们在乎，因为我们关心比赛，因为我们关心这项事业。

我们要抓紧时间，因为我们永远不知道什么时候就会有所作为，什么时候会有人在看，什么时候就可能是我们最后一次尝试，“慢下来”有可能会让我们失去一切。

我们应该总是拼尽全力，努力前行！

因为这样才是真正的我们。

Slow Down ... to Go Faster

慢下来……为了走得更快

屋大维被任命为尤利乌斯·恺撒的继承人时才18岁。19岁时，在罗马精英论坛上，他指着养父恺撒的雕像，发誓他的成就会媲美恺撒。这是这个年轻人在匆忙追赶的目标，正如他说的那样。然而，他并没有因为要成为著名的奥古斯都或“可敬的人”而匆忙行事。

事实上，他在从一个王位觊觎者到终于登上王位的过程中非常耐心并且行事有条不紊，因为他接受了两位伟大的斯多葛学派老师阿瑟诺多鲁斯和阿里乌斯·狄迪莫斯的建议。他花了十年的时间与马克·安东尼分权而治。他担任了近五年的首席元老，最终在公元前27年宣布自己成为奥古斯都·恺撒。

他的崛起令人看得眼花缭乱，这与他的大多数前任和继任者不同，因为实际上他经常停滞不前。这样才符合他最喜欢的说法“慢慢来”（festina lente）。

正如我们从罗马帝国时期历史学家苏埃托尼乌斯那里了解到的那样：“要成为一个训练有素的领导者，最忌讳的就是仓促和鲁莽。”因此，他最喜欢的名言是“欲速则不达”“谨慎的指挥官胜过大胆的指挥官”和“只有做得足够好，才能做得足够快”。

是的，抓紧时间很重要，我们不能停滞或者拖延，没有靠磨蹭而成功的案例。是的，我们必须快速奔跑。同时，我们在路上的步调也要严明自律。那些匆忙的人，那些把效率置于效能之上的人，那些忽略“小事”的人，到头来都效率不高。

当屋大维接管罗马时，它还只是一座砖城。他很自豪地说，他要把罗马变成一个宏伟的大理石帝国。这需要时间，需要做好很多小事，但这是非常值得的。

快跑容易，但做好很难。

军队里有个说法：“慢即稳，稳即快。”①

做对了，就会进展得很快。尝试走得太快，往往会导致错误。

那你如何平衡抓紧做事与慢慢来？

也许可以看看美国内战中另一位将军乔治·托马斯的表现。托马斯不是以速度著称。事实上，他的绰号是“老慢跑”，这是他作为严明自律的骑兵指挥官时获得的。但他并不是真的慢，而是有意为之。他不会被击败，他的事业不会被阻碍。这就是他赢得另一个绰号“奇卡莫加之石”的原因，他稳扎稳打地抵御敌人的大规模攻击，这种攻击很容易就打败像乔治·麦克莱伦那样遇到困难就退缩的将军。托马斯发现自己与格兰特意见相左，因为他在纳什维尔对阵胡德将军的部队时行动不够迅速，他花了很长时间才开始执行格兰特“立即进攻”的命令，以至于格兰特不得不亲自解除了他的职务。

然而，这对托马斯来说是不公平的，要求一个人必须永远急匆匆说起来太容易。格兰特认为托马斯不着急，在拖他的后

① “Slow is smooth and smooth is fast”出自美军海豹突击队，可译为“慢即稳，稳即快”。这句话是在说，往往不假思索迅速做出反应的人会犯错误。我们也可以将这句话译为“慢则顺，顺则快”，或者把它理解为“欲速则不达”。——译者注

腿。事实上，托马斯全力以赴，行动缓慢只是因为他要确保凡事都妥当，一切都准备充分，补给充足、训练有效。他在等待合适的时机，然后以精心筹划的速度进攻。1864年12月，托马斯在纳什维尔战役中歼灭了他的敌人，这是南北战争中伟大的胜利之一。

"老慢跑"就像一块石头，一旦它开始滚动，就没有什么能够阻挡住它。①

那就是慢慢来的作用。

有节制的力量，有衡量的努力，有控制的渴望。

诗人胡安·拉蒙·希门尼斯说："慢慢地做，确保你做的每件事都是正确的。"无论是领导力、力量训练、跑步还是写作都是如此。迅速行动并不等于匆匆忙忙，重要的是把事情做好。慢慢走也没有关系，只要你永远不停下脚步。难道我们不明白在龟兔赛跑的故事中，实际上是乌龟在抓紧时间吗？曼尼·马查多或者乔治·麦克莱伦实际上是那只兔子。辉煌，即使绽放也会很快消散，无法一直如此。

因此，我们不仅要对其他人，比如我们的老板、观众、供应商保持这种态度——他们希望我们赶紧行动，对我们自己也是一样。因为我们当中有一部分人经常还没有准备好就匆忙行事，也有一部分人热衷于战斗、热衷于行动，总是想直接投入工作中。

当然，有冲动总比什么都不做要好，但如果管理不当，它就会从资产变成负债。

---

① 托马斯于1870年因中风去世，当时他正在写一封信为自己辩护，因为有人指责他在战争中没有尽到最大努力。

Practice … Then Practice More

练习……然后多练习

据说，剑术大师中山博道①一天要练习拔剑两千多次。在一场马拉松式的耐力训练中，有记录显示他在 24 小时内拔剑一万次。

日本剑术大师中山博道

我们可以想象完成这项工作所需的绝对速度，还有在这么短的时间内刻意完成这么多次练习所代表的意义。但他为什么要这样做呢？

---

① 中山博道（Nakayama Hakudo，1873—1958），堪称日本武术界第一号人物，被称为剑道之神。他身高不到 1.6 米，为了病后强身而苦练剑道及学习各类武术，每天睡眠不足 4 小时，终于同时取得剑道、居合道、杖道三种范士。——译者注

因为，正如屋大维的老师阿里乌斯·狄迪莫斯所说："长时间的练习会成为第二天性。"

我们的能力不是在有需要时就能提升，而是会回落到我们平时的训练水平。

宫本武藏[①]曾经受到一位武士的挑战。这位武士名叫三宅军北，他认为自己是世界上最厉害的武士之一。军北在第三次进攻时，因为没有成功而感到沮丧，他以激进的弓步冲向武藏。武藏已经无数次为这样的场景做好准备，他说道："你不应该这样做。"然后用一把剑挡住了这一击，同时，用另一把剑划伤了这个男人的脸颊。

他是怎么知道如何应对的？答案是练习！

"朝锻夕练"是宫本武藏的格言，从早练到晚。

你做得到吗？那么，再多做一些。

之后呢？更多，更多，更多。

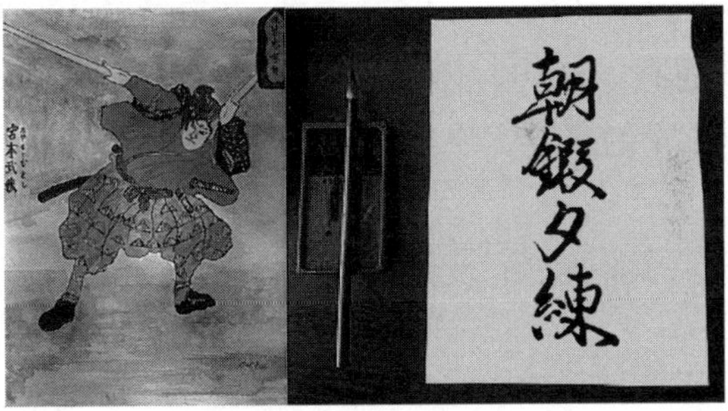

"朝锻夕练"是宫本武藏的格言

① 宫本武藏（Miyamoto Musashi，1584—1645），日本战国时代末期至江户时代初期的剑术家、兵法家、艺术家，因为与佐佐木小次郎决战而一举成名，晚年出仕于细川家。著有《兵道镜》《五轮书》《兵法三十五固条》等。——译者注

宫本武藏写道："一千天的训练可以让技艺养成，一万天的训练可以让技艺得到打磨。"对于武士来说，没有所谓的"很不错"。如果一个"很不错"的剑客遇到一个更好的战士，他也许会战死。这就像篮球名人堂成员比尔·布拉德利[①]观察到的：当你不去练习、不去磨炼、不去工作的时候，在某个地方其他人却正在做……当你遇到他们的时候，他们就会打败你，或者杀死你。

军北很幸运地吸取了这个教训，并且能活着讲述这件事。事实上，在武藏处理完他的伤口后，他甘拜下风，成了武藏的弟子，在武藏的手下训练和练习，直到他不再轻易犯这种因仓促鲁莽导致的错误。

看，这不是演习。没有足够的练习就没有伟大，要多练习！

不断重复地练习。令人筋疲力尽、粉身碎骨、灵魂碾轧的练习。

然而，这种练习所产生的结果却与上面的三种感觉相反，你将提升活力、力量和信心。

你值得拥有。是的，你的身体在燃烧，但这就是证据。从燃烧中产生真正的热量，这热量可以用于你的技艺、工作以及生活中。

大提琴家巴勃罗·卡萨尔斯[②]在晚年仍然不断地练习，即使

---

① 比尔·布拉德利（Bill Bradley），美国前NBA职业篮球运动员，司职得分后卫/小前锋，绰号"美钞"（Dollar Bill）。他于1964年代表美国队夺得奥运会金牌，次年加盟NBA，职业生涯初期效力意大利米兰奥林匹亚队，并帮助球队夺得1966年欧洲联赛冠军，之后加盟NBA纽约尼克斯队，两次随尼克斯队夺得NBA总冠军，1973年入选NBA全明星阵容。——译者注

② 巴勃罗·卡萨尔斯（Pablo Casals，1876—1973），被认为是20世纪以来最伟大的大提琴家。——译者注

在他被公认为大师很久之后他也不曾间断练习，因为他相信他仍在进步。事实上，我们可以说练习和进步是同义词。没有练习，你就不可能有进步。没有进步，练习也一文不值。

拔剑出鞘，刺入，击挡。为了增强你的耐力，你会做力量训练，做体能训练。把这些综合在一起，你需要对练切磋。音乐也是如此。你可以与其他有才华的音乐家一起即兴演奏，可以把所有这些练习放在一起学习新歌。但在此之前，就像卡萨尔斯所做的那样，你可以简单地在卧室里练习数小时的音阶。那些音阶对你来说是什么？你最好知道，最好练好它们。

不管你做什么，练习都会让你变得更好。弗洛伦斯·南丁格尔想让年轻的护士们明白，护理是一门“像任何画家或雕塑家的工作那样需要辛勤的准备”的艺术。丘吉尔花了很多个晚上练习他的“即兴”演讲。

只有你才知道像武士、奥林匹克运动员、追求卓越的大师一样训练自己的技艺会达到什么水平。只有你才知道从早到晚需要练习什么，什么需要重复一万遍。

这并不容易，这是负担，也是自由和自信。

心流的快感，第二天性的韵律感。

通过练习，你的内心会异常平静，你会知道当重要时刻来临时该做什么，并且你能感受到这样做的自豪感和可靠性。

Just Work

只是工作

提起作家乔伊斯·卡罗尔·欧茨，就不能不提及她出版了多少本书。

至少从20世纪70年代开始就是这样，她从没有停止过出书。她的第一本书《颤抖的秋天》(*With Shuddering Fall*)是1964年出版的。到20世纪80年代，她已经出版了多达19本书。到90年代，出版了27本。在21世纪的前10年，她又出版了10本书。在接下来的10年里，出版了11本。其间她还用笔名出版了10多部小说、45部短篇小说集、12部诗集、11部中篇小说、9部戏剧、6部青年小说和4部儿童读物。即使到了80多岁，她仍在工作。她总共写了多少个字？ 1500万？ 2000万？

这就是伟人的事迹，他们不只是出场，不只是练习，还完成工作。

她的同行们，特别是那些有名的男性，他们参加奢华的派对，他们深陷丑闻，他们构建了自己的人格面具，他们与写作障碍做斗争……然而欧茨在日复一日辛勤地写作和教学。

她在出版图书。

她说："我来自的那个世界，人们忙着工作而不是空谈。所以，如果你觉得自己写不下去了，或者你太累了，或者这样那样，那就别胡思乱想了，去工作吧。”

这就是欧茨所做的，在她 58 年的职业生涯中几乎每天都是这样做的。她削好铅笔、准备好钢笔手写初稿，然后使用打字机和笔记本电脑打磨手稿。

在古希腊，不仅有一个词来形容这种永无止境的工作精神——耐力（philoponia），甚至还为此设立了奖项。正是这种对辛劳、对过程的热爱，造就了像卢·贾里格这样的人。1933 年，记者丹·丹尼尔问贾里格，他是否知道自己连续打了多少场比赛。贾里格猜有几百场，而实际数字是这个数字的两倍多。欧茨可能也是如此：如果她被问及写了多少本书，她很可能会低估。她从不花心思想这些。正如一位作家所说，她思考的是作品能否“令人愉悦”，而不是乏味。

她解释说：“我一直过着非常传统的节制的生活，绝对有规律的作息时间，没有什么异国情调，甚至不需要安排我的时间。我们每个人每天都有 24 小时，这对于我们必须要做的事情来说已经绰绰有余了。”

今天，我们更倾向于谈论工作，而不是沉浸其中。我们喜欢在社交媒体上大放异彩。我们花很多钱购买合适的工具或装修一个高档办公室。开始工作吧？抓紧每一天？

这听起来像是一种折磨。

有时候真的就是折磨！

有时候话到嘴边就是说不出来，有时候脆弱会让你痛苦。有时候，特别是对于欧茨，因为她是手写初稿，所以会手指疼痛，会眼睛模糊，但她不会因为这些停下来。

如果你做对了，让你停下来也是一种折磨。雪橇犬不戴上它的挽具就会变得焦虑，马儿总是想出去小跑一下，蜜蜂若与蜂巢分开就会死亡。当你发现你应该做什么，你就应该马上去做。

舞蹈家玛莎·格雷厄姆讲述了一次她做杂耍表演的故事，她的演出结束之后是鸟儿的表演。当音乐响起时，经过多年强化和仪式训练的白凤头鹦鹉会兴奋得近乎歇斯底里，抓着笼子、敲打笼子，直到让它们上台表演。“鸟儿都比你们积极！”她会冲着那些没有全心投入的学生们大喊道。

有人问，这一切辛苦付出的回报是什么？如果他们认为是奖项、名望和畅销书排行榜上的周数，那他们就错了。想要别人向你保证：如果我投入一万小时，我就能得到这份工作？我就可以去参加职业比赛了？我就能发财了？不，事情不是这样的。

一直，永远，工作就是回报。工作本身就是一种快乐。这是一种折磨，也是一种大汗淋漓的奇妙救赎。

这就是你能移山填海，完成大量工作的方式，不是勉强的，而是全情投入的。

“我根本没有意识到自己在努力工作，或者说我根本不认为是在‘工作’，”欧茨说，“对我而言，写作和教学一直都是丰厚的回报，以至于我不认为它们是通常意义的‘工作’。”

没有工作，我们这一生将一事无成。但是，当我们做那种甚至感觉不像工作的工作时，我们可以获得神奇的收获。就好像马儿兴奋地套上挽具，冲进了田野；就好像我们追随我们的冲动，开始了行动。

斯多葛学派指出，规划好你想成为什么样的人，然后就去做。

我们会因此获得认可吗？

也许，但这将是额外的奖励。

Dress for Success

为成功而打扮

安格拉·默克尔在东德长大，当时连基本的衣食等物资都无法正常保障，遑论奢侈品了。无处不在的眼线让你认识到做任何事情都不要太引人注目，特别是穿衣打扮。

在柏林墙倒塌不久后，曾经作为量子化学家工作多年的默克尔从学术界的象牙塔中脱颖而出，进入了政界。突然间，所有的注意力都集中在了她的形象上，这让默克尔非常惊讶。当一位政治顾问试图劝说她改善自己的风格时，默克尔感到很羞愧。

在东欧，根本没有人关注这些。然而，政治家则必须要注意形象，尤其是在双重标准下的一位女性政治家。

曾经有记者质问默克尔为什么经常穿同一套裤装：“你就没有别的衣服吗？”默克尔回答说：“我是公务员，又不是模特。”

她心知肚明，将政治称为“表演”。她决定不循规蹈矩。

她衣着朴素，对潮流或者昂贵的时装设计视而不见。她喜欢穿舒适的鞋子，留着刻板的发型。大多数时候，她素颜出现在办公室或电视上，随时准备投入工作。

默克尔的批评者和支持者都喜欢讲这样一个笑话：

默克尔如何处理她的旧衣服？

她穿着它们。

人们注意到了她的容貌，她以此来表达自己的率真。有些人沉迷于游戏中，有些人认为自己挣脱了它们的统治。默克尔只是想出了如何以她自己清醒而真实的方式扮演这个角色。

斯多葛学派不接受犬儒主义者推广的观点，即哲学家必须摒弃社会的标准和时尚。当犬儒主义者衣衫褴褛时，斯多葛学派穿得和普通人一样。重要的是内心是否与众不同。

这样，他们就放弃了不必要的奢侈或愚蠢的时尚。穆索尼乌斯·鲁弗斯说："人们应该像使用盔甲一样使用衣服和鞋子，那是为了保护身体，而不是为了炫耀。最强大和最能保护携带者的武器才是最好的，而不是那些以其光泽吸引眼球的武器。同样地，对身体最有用的衣服或鞋子才是最好的，而不是那些能引起愚人们转身凝视的衣服或鞋子。"

领导者要关注小事，但也必须知道哪些事只对小人物重要。我们如何着装和定位自己的风格是一种让"节制"经常拿不准的情形。一个邋遢的人很难说是特别自律的人。但那些重视表面的人，在意笔挺的衣着、品牌或者最花哨的新款式而不是实用性的人，同样偏离了轨道。

也许这就是史蒂夫·乔布斯挑选了一件舒适的毛衣和一个品牌的牛仔裤，并终身穿着的原因。它们并不便宜，但很合身，而且在任何情况下都适用。乔布斯在那之后再也没有花时间考虑过衣着。

扎卡里·泰勒[①]将军讨厌穿制服，也不喜欢炫耀他的军衔或荣誉，这原本是可以理解的。然而，在美墨战争期间，泰勒在格兰德河上会见戴维·康纳准将的时候却穿戴整齐，他希望让他的客人感觉更舒适，因为海军军官应该穿戴全套制服。而同时，康纳准将则身穿便装，他想对同僚的谦逊风格致敬！也就是说，每种情况，每个人都可能需要用不同的方式应对。

大多数时候，我们并没有身处“战场”。有时候我们是在面试，或者出现在镜头前，或者会见重要的人。仅仅因为我们不重视表面的事情并不意味着其他人的印象不重要——特别是当我们试图完成某事或说服某人的时候，展示很重要，其他人的感受也很重要。这并非全部，但如果你忽视它，请后果自负。

还有一些关于整洁的事情，如得体的胡须、熨烫好的衣服等，这些也能使我们保持头脑清醒，就像清理办公桌可以提升工作效率和专注力一样。这就是贾里格在扬基队的经理乔·麦卡锡禁止队员们在更衣室刮胡子的原因。不是因为他不想让运动员刮胡子，恰恰相反，他希望他们洗漱修整完毕后出现在更衣室，做好训练的准备。没有人穿着浴袍还能出色工作，这就是为什么我们应该在早上洗个澡并做好准备，即使我们不打算外出也最好这样。擦亮你的鞋子，直到你成为那个绽放光芒的人。

虽然世界是不可预测的，但我们可以控制的是如何管理好自己。收拾好床铺，整理好衣衫，梳理好头发，这些都是我们力所能及的小事，在混乱的情况下保持秩序和整洁的方式。

---

① 扎卡里·泰勒（Zachary Taylor，1784—1850），美国政治家、军事家，美国第 12 任总统（1849—1850）。这位戎马生涯 40 载的将军，曾长期守卫着边疆阵地，拼杀于墨西哥战场。——译者注

战俘和大屠杀幸存者们谈到他们如何设法保持清洁，并确保他们看起来得体，即使身处肮脏和恐怖的环境中也是如此。没有人会指责他们这样做是虚荣；相反，我们认为这就是他们对尊严的勇敢维护，这正是俘虏他们的人想要从他们那里剥夺的东西。

小处不可随便，但不要流于表面。

拥抱节制。根据定义，这是一种对立的平衡。

有时我们得像康纳准将，有时又必须成为泰勒将军。我们必须实现默克尔的设想：如何参与“表现的游戏”而又不被“表现”分心或消耗。

我们穿着得体，但不用过于精致。

我们尽力照顾好自己，但决不会忽视我们关心的人或事。

我们认真对待我们的外表，但是不要太过认真。正如时尚圈所说，我们穿着西装，而不是西装穿着我们。

我们看起来敏锐，以保持敏锐、变得敏锐，因为我们确实很敏锐。

Seek Discomfort

寻求不适感

塞涅卡继承了父亲的遗产，是个有钱人。他的投资遍及整个罗马帝国。他在为皇帝服务期间积累了更多的财富。

然而每隔一段时间，他就会在几天里只吃最粗糙的食物，穿最粗劣的衣服。他会积极寻求不适感，模仿赤贫和更艰苦的生活条件。他睡在地上，除了面包和水之外，什么都没有。

现在，你可能会认为这只是特权人士的一种稀有的甚至纡尊降贵的爱好，比如冰浴或露营，但它实际上远不止于此。首先，塞涅卡煞费苦心地确保这种苦行是认真的。他写信给一位朋友，建议他尝试这种自愿的不适："每件事都必须是真的，诸如你的罩衫、你的面包必须又硬又脏。一次最好持续三四天，或者更久。因此这是一次真正的考验，而不是随便的消遣。"

重点不是炫耀权利或标榜道德纯洁。塞涅卡知道，他的绝大多数同胞都在他自愿经历的这种环境中平静且毫无怨言地生活着。事实上，这就是重点：他想让自己明白，这种痛苦是完全可以忍受的，也是正常的。通过近距离接触他许多富有的朋友所害怕的东西，以及让他们厌恶的风险和焦虑的东西，塞涅卡可以自问：

这就是你害怕的吗？

这种做法不止一次地被塞涅卡派上用场，事实上，最终挽救了他的生命。当尼禄发疯时，塞涅卡决定离开，为了自由他可以放弃他的全部财富。尼禄大吃一惊——谁能放弃这一切？谁会把荣誉看得比金钱还重要？被激怒的尼禄后来试图在他的乡间度假胜地毒死塞涅卡，但没有成功，据说是因为塞涅卡的极简饮食，他仅食用少量浆果和水使得毒杀不可能发生。

我们大多数人一生都在筑起一道墙，将我们与任何不愉快的事物隔开，但我们不理解我们对不愉快的事物有多依赖。我们通常认为，成功的全部意义在于永远不必苦苦奋斗，不仅拥有我们需要的东西，而且拥有我们想要的一切：热水、漂亮的衣服、用最好的食材在最优质的餐厅烹制的食物，几分钟内就可以送到我们家门口，不用忍受哪怕是最轻微的饥饿感。

适度享受完全没问题。难道生活不应该舒适吗？尽管如此，我们必须明白，现代世界正在密谋弱化我们，试图让我们丧失忍受哪怕是最轻微的困难的能力。它宠坏了我们，并让我们陷入失败或者被奴役的状态。

我们选择轻松的方式生活，因为它就在那里。谁会选择受冷挨冻？如果可以打开空调，那么热又有什么可怕？如果别人给你提行李，你还有必要自己携带沉重的东西吗？其他人都开车，你会选择走路吗？

一个懂得自律价值的人，就是一个在不舒适的情况下也感到舒适的人。

去跑马拉松
睡在地上
举起重物
自己做体力活
跳入冰冷的湖中

成功会滋生软弱，也会滋生恐惧：我们变得沉迷于物质享受。之后我们会变得害怕失去它们。塞涅卡不是每天都要做加图（此处指马库斯·波西乌斯·加图，又称小加图），但他从自己的实践中知道，如果他必须这样做，他可以做到。

通过寻求不适感，我们使自己变得坚强。如果我们不打算每天过着完全斯巴达式的生活，那么我们最好定期练习坚韧，这样我们就不会害怕它。正是作为一名朴素的法学专业学生的早期生活，让甘地为日后的挑战做好了准备。他已经习惯了最低标准的生活，体验了饥饿或者寒冷。后来，当他像鲁宾·卡特一样被关进监狱时，他就坚持读书。他们能从他身上剥夺的任何东西，没有一样是他不曾练习过的。

所有的自律都是从身体的习练开始的，但它并不是奇迹般发生的。这正是苏格拉底通过寻求挑战培养出来的一种技能，一种肌肉，就像佛陀穿着粗糙的长袍在户外度过了无数个夜晚一样；就像锻剑时进行的淬火，将其短暂地暴露在冷热交替的环境中，这样会对钢材产生侵蚀并使其硬化。同样，我们中最优秀的人通过经历相似的挑战，通过强迫自己的身体改变和适应，而成为最优秀的人。

事实上，总有一天，生活将会给我们带来严重的不适感。

我们会害怕吗？还是已经准备好了？

我们用自我否定来训练自己的自我保护机制。威廉·爱德华·伯格哈特·杜波依斯在给女儿的信中写道：“勇敢地洗个冷水澡，做一些令自己不愉快的事情，这样就能掌控自己的灵魂。”

一个可以掌控自己灵魂的人，一个可以只身离开的人，一个不害怕改变、不适或命运逆转的人？这样的人更难被杀死，更难被击败。这样的人也更快乐，身心更平衡，体型更好。

在富足的当下，我们必须实践节制，因为我们谁也不知道未来会怎样，而富足不会永远持续。

Manage the Load

管理负荷

格雷格·波波维奇[①]付出了25万美元的代价，但这让他又获得了两个分区冠军和他的第五个总冠军。这同样改变了NBA和所有的体育运动。

2012年，圣安东尼奥马刺队完成了六场客场之旅。这是他们五个晚上以来的第四场比赛，距离他们战胜奥兰多魔术队仅24小时，而这距离在1700英里之外完成了两次加时赛战胜多伦多猛龙队的时间不过72小时。这是一个浓缩了66场比赛的时间表，背靠背的比赛比以往任何时候都多。更重要的是，在上个赛季，波波维奇的两位球星马努·吉诺比利[②]和托尼·帕克[③]直接

① 格雷格·波波维奇（Gregg Popovich），塞尔维亚和克罗地亚裔美国篮球运动员、教练员。他毕业于美国空军学院，现任NBA圣安东尼奥马刺队主教练。他是美国四大职业体育联盟执教同一支球队时间最长的教练。他的执教生涯成绩斐然，2023年4月入选奈史密斯篮球名人纪念堂。——译者注

② 马努·吉诺比利（Manu Ginóbili），阿根廷前职业篮球运动员，司职得分后卫。他在1999年NBA选秀中以次轮第57顺位被圣安东尼奥马刺队选中，2002年正式加盟NBA，之后随队4夺NBA总冠军，2008年荣膺NBA最佳第六人，两度入围NBA全明星阵容，2018年成为马刺队史抢断王。——译者注

③ 托尼·帕克（Tony Parker），法国前职业篮球运动员，司职控球后卫。他在2001年被圣安东尼奥马刺队选中，之后也效力过夏洛特黄蜂队。在职业生涯中，他4次随马刺队夺得NBA总冠军，2007年荣膺NBA总决赛最有价值球员（FMVP），成为首位获得FMVP的非美国球员，6度入选NBA全明星阵容。——译者注

在季后赛后参加了奥运会，并作为各自国家队的首发。蒂姆·邓肯[①]，也许是有史以来最好的大前锋，这是他在联盟的第16个年头了。作为马刺王朝的一部分，他们总共打了超过3000场职业比赛，之后还一直深入季后赛，而马刺王朝无疑是在这些主力明星和持续卓越的基础上建立的。

在一场全国电视转播的比赛中，波波维奇故意让他最好的四名球员休息，这个决定引起了轩然大波。球队希望他们能上场。[②]球迷们很生气，以退款做要挟。电视播音员脸色铁青，支付了转播权的电视频道也大发雷霆。其他教练在抱怨，球员们也在谴责他。联盟很快开具了巨额罚单。

但波波维奇有着他自己严格的自律，他希望球员们可以更长久地比赛，因此他战略性地让他的球员们休息，这样他们就有足够的精力在季后赛中表现更佳，就可以有更长的职业生涯，继续打出精彩的比赛。

它有个简单的名字：负荷管理。

"我们之前这样做是为了做出一个更明智的决定，而不是一个受欢迎的决定，"他告诉记者这将成为一种广受欢迎的教练实践，"因为这很合乎逻辑。"

合乎逻辑，没错。倦怠和受伤比休假更为昂贵。

这样做受欢迎吗？不，而且非常不易。

---

① 蒂姆·邓肯（Tim Duncan），美国前职业篮球运动员，司职大前锋/中锋。他在1997年被马刺队选中，在新秀赛季中获选NBA年度最佳新秀；在职业生涯中5次夺得NBA总冠军，2次获选NBA常规赛最有价值球员（MVP），3次获选NBA总决赛最有价值球员（FMVP），15次入选NBA最佳阵容（并列历史第二），15次入选NBA最佳防守阵容（历史第一），15次入选NBA全明星赛（历史第四）。——译者注

② 碰巧，球队的飞机出了问题，于是球员们被西南航空的航班直接送回家了。

当我们全心投入，或致力于某事，或想赢的时候，自律通常使我们及早动身并完成更多工作。但有时候，休息实际上是更难的选择、更大程度的克制。这就是负荷管理，而不是不假思索地直接硬扛。尽管负荷来自截然不同的地方，但逃避锻炼的欲望和过度锻炼的冲动最终会殊途同归。这是一项长期后果与短期行为之间的讨价还价，就像吃甜食带来的快乐可能会让我们未来付出代价一样，还要加上利息。

如果这对运动员们和他们相对短暂的职业生涯来说是无法承受的，那么对我们其他人来说则更加不可忽视。因为我们从事这个职业，我们将在这个领域工作数十年，甚至终身。

你认为你现在多承担一点，对自己狠一点，就可以取得领先。你认为你能克服疼痛的小征兆很了不起。不，不，你没有抓住重点。约翰·斯坦贝克将此称为“无节制的过度劳累”，并提醒自己这是“最虚假的经济效益”。

有证据吗？过早达到巅峰的球队，终结职业生涯的各种伤病，匆匆忙忙出版的图书，在压力下做出的错误决定。因为原本可预防的疾病而错失良机，最终筋疲力尽。

或者更糟。

没有人能比詹姆斯·福莱斯特更加努力地为美国效力了。他两次离开华尔街。他先是在第一次世界大战中成为一名战斗机飞行员，然后在1940年成为海军助理部长，并在此过程中使海军发生了彻底的改变，进而赢得了第二次世界大战的胜利。如果没有他的不懈努力，艾森豪威尔和麦克阿瑟都不会取得成功。虽然这让他损失了数十万美元的薪水。

二战结束后，他成为美国第一任国防部长，负责将武装部队统一为一个部门。这是一项肩负着无尽责任和强烈主观意识的工作，会涉及数百万的士兵、平民和大面积的海洋。那些观察者可以看到这份工作对他、他的婚姻以及他的个人生活造成的影响。“您为什么不回家呢？”一名助手发现他一再加班的时候说。“回家？”福莱斯特回答道，“回家做什么？”

事实上，福莱斯特一直在工作，不停地工作，即使他的体重持续减轻，即使他的脸色蜡黄、皮肤下垂。他显然很沮丧，很不满意，很挣扎，但他继续前进。他的决策肯定受到了影响，他不苟言笑，感到不被认可。即使当工作结束，就像所有政治任命一样，他依旧无法停止下来。他继续前行。

很快，他就被送进了医院，在那里他从走廊半开的窗户跳了下去，结束了自己的生命。他的遗言是什么我们不得而知，但我们可以看到他在读什么，因为他留下了一页索福克勒斯[①]的文字，上面有他的标注，这或许是对像他一样的“工作狂”和我们所有沉浸在工作中无法自拔的人的悲惨警告。

因浪费时间而燃尽——
无情、无名、无望的拯救
在敞开坟墓的黑暗预期中……

——索福克勒斯

是的，我们的工作很重要。是的，我们很想抓紧时间。是的，我们的动力是我们取得成功的原因，我们对比赛的热爱是我

① 索福克勒斯（Sophocles，约前496—约前405），古希腊三大悲剧作家之一。他大致生活于雅典奴隶主民主制的全盛时期，在悲剧创作领域相当高产。——译者注

们来到这里的原因。但如果没有能力有效地控制这一点，我们就不会持久。我们不只是想现在又快又强——我们想在很长一段时间内又快又强。

我们想持续胜利，但如果不加以控制就很难持续。没有自我管理能力的人也没有资格掌控——这不仅包括自驱力，还包括让自己休息、寻找平衡、倾听身体的声音“我要崩溃了”。

歌德说，任何形式的绝对活动最终都会导致破产。

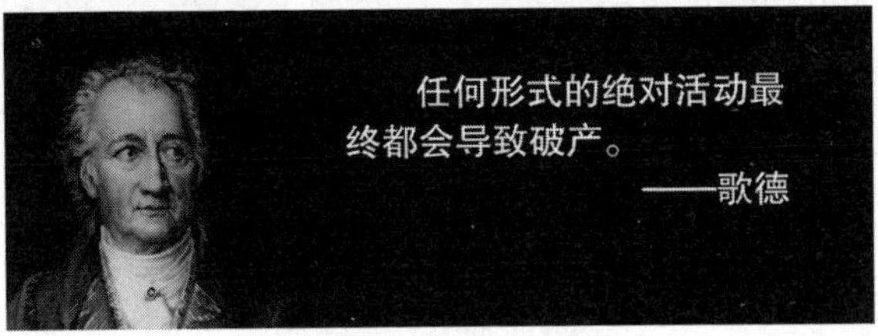

德国著名思想家歌德

就连伟大的卢·贾里格也知道这一点。虽然他在棒球比赛中的连胜纪录是最长的，但在很多情况下，如果他觉得自己在比赛中的表现不好，他就会下场换一个关键的击球手。他的教练们也熟知这一点——著名的在晴天的马球场“因雨取消”一场比赛，这样卢就可以有一天的时间来恢复。当然，休赛期也是运动生活的一个特点，我们这些从事其他职业的人应该考虑采用。

没有人是无敌的。没有人可以永远坚持下去。

我们每个人都有可能像福莱斯特那样。即使是铁，最终也会被腐蚀或者磨损。

你是否希望人们在几年后看见你，那时，曾经的你已经成为一个空壳，想想你本可以成为什么？

如果你依旧保持健康，如果你还能量满满，如果你没有浪费掉所有的潜能……

要想持久，要想伟大，你必须懂得如何休息。不仅要休息，还要学会放松，感到愉快。（毕竟，如果永远都是紧绷的生活，那算什么成功？）

让自己变得更脆弱、缩短职业生涯的最可靠方法就是在休息和恢复方面无法严格自律，把自己逼得太紧、太过着急、过度训练和追求过度工作带来的虚假经济繁荣。

管好你的负荷！

Sleep Is an Act of Character

睡眠是一种有所作为

1956年，在与阿奇·穆尔[①]争夺冠军头衔的前一天晚上，弗洛伊德·帕特森[②]执行了他训练中最重要的部分。

这并不是对比赛计划的临阵调整或者重新审视。

他去睡觉了。

不是断断续续的几段睡眠，而是整整睡了11.5个小时，正好在早上称重的时间，他醒来了。在去竞技场之前，他又小睡了3个小时。之后在进入擂台前，他在更衣室里打了个盹。比赛中，他在第五轮击倒了那位筋疲力尽的上届冠军。

当你要与有史以来最好的拳击手正面交锋时，你最好得到很好的休息。当你像帕特森那样努力训练的时候，你最好确保给身体足够的时间恢复。

其他人都很紧张，其他人都在反复地检查和重新审视计划。但帕特森睡得很香。这并不是因为他不在乎比赛，恰恰是因为他非常在乎。虽然快速入睡和良好休息的能力似乎看上去与自律无

---

① 阿奇·穆尔（Archie Moore），美国职业拳击手。他是有史以来征战时间最长的轻重量级冠军。——译者注

② 弗洛伊德·帕特森（Floyd Patterson，1935—2006），美国职业拳击手，在1956年到1962年间两次夺得世界重量级冠军。——译者注

关，但实则非常重要。事实上，军队现在也开始提倡睡眠纪律。

这不仅是你必须做的事情，而且是你必须在自己身上不断强化的事情，无论是在数量上还是在质量上。赌注越高，动力越大，也就越紧张，就更需要严格的睡眠自律。

在 20 世纪 90 年代的波斯湾，后来的海军上将詹姆斯·斯塔夫里迪斯[①]首次获得舰艇的指挥权。这恰好发生在他 38 岁的时候，他注意到他身体的新陈代谢和他曾经旺盛的消化能力已经开始下降了。你不必成为这个星球上自我意识最强的那个人，你就能发现自己在疲倦时会做出更糟糕的决定，不能很好地与他人合作，无法有效地控制自我和自己的情绪。但对于斯塔夫里迪斯来说，他做出了一个相当大胆的创新，他决定将睡眠放到与一艘正常运转的军舰的武器系统同等重要的地位。

作为回应，他开始监控船员的睡眠周期，调整他们的值班职责，并尽可能鼓励他们小睡。他后来写道："关注我们的身体健康，特别是睡眠，是一种主动的有所作为，可以极大地提升我们的表现能力。"

当我们精疲力竭的时候，当我们疲于奔命的时候，当我们睡眼惺忪并只能依赖咖啡因的时候，我们几乎不会表现最佳。即使有时会，他们也不应该这样做。

早起，抓住天亮前的那几个小时，在喧嚣之前，这很重要。如果莫里森不知不觉地看电视到深夜，她就无法早起写作（也不会有太大的意义）。想象一下，如果人们不是经常宿醉，而是去体会海明威那精彩的早晨。马可·奥勒留内心斗争着是否要躲在被窝里，如

① 詹姆斯·斯塔夫里迪斯（James Stavridis），美国退役海军上将，拥有博士学位，曾任塔夫茨大学弗莱彻法律与外交学院院长。——译者注

果他能早几个小时起床，那么一切肯定会不一样。

相比之下，我们经过漫长的一天后筋疲力尽地回到家里。我们做了晚饭，我们锻炼，我们哄孩子们上床睡觉，我们回复了电子邮件。我们太累了，感觉我们所能做的就是躺在沙发上放松一下。事实上，我们又一次地需要自律：振作起来，走到卧室，然后睡倒在床上。

这样做会解决你的很多问题。你累了所以不想锻炼，你累了所以开始拖延，你累了所以做出错误的决定，在非重要的事情上白白浪费数小时。

我们说“我不是一个早起的人”，但这几乎可以肯定是因为我们一直是一个不负责任或不自律的晚起者。能够掌控早晨时光的最好方法是管理好前一晚的时间。正如对婴儿进行过睡眠训练的人都知道的那样，只有睡眠能带来睡眠，同样自律也会产生自律。

早睡早起。

但丁在谈到早晨时说，躺在毯子下是没有办法功成名就的。然而，矛盾的是，一直坚持、合情合理、毫不拖延地躲在毯子下面似乎是一种成名之道。或者至少，早上跳起来起床就出家门，就会有出色的表现。

你希望明天头脑清晰吗？你希望可以处理好小事吗？你想要精力充沛地去拼搏吗？

那么去睡觉。不仅因为你的健康取决于它，还因为它是一种自我负责的态度，我们所有其他的决定和行动都源于此。

What Can You Endure

你能忍受什么

1915年冬天，欧内斯特·沙克尔顿[①]的南极探险队被困在了冰层中。在将近一年的时间里，他们漫无目的地漂流，船员们无力改变他们的状况。突然，来自冰层的压力使他们的船体破裂，船沉没了。救生艇划了350英里，最终将他们送上陆地——无法居住的象岛——这是18个月以来他们第一次踏上陆地。

然而，他们身体的磨难远没有结束。事实上，这才刚刚开始。

在这个偏远的岛上，不太可能被过往船只发现，食物匮乏，士气低落。沙克尔顿提出了一个大胆的计划：他和几个人将再行驶700多英里寻求帮助。

只携带了几周的补给，他带领小团队驾驶一艘20英尺[②]长的船，冒着狂风行驶在公海上。设想一下，他的身体对抗着风雨，饥饿感侵蚀着他的身体，他的肌肉酸痛。1916年4月，他们抵达南乔治亚州，他们安全了。

---

① 欧内斯特·沙克尔顿（Ernest Shackleton，1874—1922），英国南极探险家，以带领“猎人号”船于1907—1909年向南极进发和1914—1916年带领“坚韧号”船的南极探险经历而闻名于世。——译者注

② 1英尺=0.3048米。

但沙克尔顿知道他的任务只完成了一半。他知道他的手下剩余的时间不多了，他拼尽全力，急忙筹集资金和物资，返回象岛，营救他留下的人。

经过四个月和多次绝望的尝试，他终于成功了，他把探险队中的每个人都活着带回了家。

他是怎么做到的呢？他是如何从这次经历中存活下来，还能毫发无伤、无所畏惧？他的家训告诉我们：坚韧以胜。我们靠坚韧而成功，恰如其分，而他的船的名字就叫"坚韧号"。

但想象一下那个漫长的冬季，想象一下那些在海上的日子。他经历了这一切。他没有放弃，也不让自己的身体放弃，跑了一个又一个马拉松。他不仅知道自己作为船长的职责是什么，而且他的身体足够强壮，并且有足够强大的意志去跨越这些可以想象的障碍。

与此同时，我们感到很累，因为我们不得不在办公室加班。我们反感教练让我们多练一轮。与其希望事情变得简单，我们不如准备好面对困难的事情。

有一个古老的德语单词"sitzfleisch"（久坐不动），它的本意是坐在椅子上直到任务完成才起身。即使你身体僵硬，你周围的人一个接一个地收工。这种情况日复一日地出现，直到你后背疼痛，眼睛流泪，四肢瘫软。

在马背上的时代，许多伟大的征服者被称为"老铁驴"[①]，因为他们能一直坐在马鞍上。

这是我们当中很多人所缺乏的特质。我们认为我们可以用才

---

① 老铁驴（Old Iron Ass），Ass 既有"屁股"也有"驴"的意思。——译者注

华或创造力来弥补，但我们真正需要的是承诺。我们需要的是投身到问题中，全身心地去解决它，来证明我们不会逃跑，不会被吓倒。

几乎所有伟大的领导者、伟大的运动员、伟大的哲学家都是坚韧的，他们有足够的忍耐力。这需要牺牲精神，能够克服挫折、扛住批评、忍受孤独，还能熬过痛苦。

爱迪生在他的实验室里，一根接一根地测试了六千根灯丝，然后才找到了给我们带来光明的那根。莫里森起得很早，在那些疲惫的早晨，坐在椅子上看着太阳升起。沙克尔顿拒绝放弃他的职责，拒绝停下来，直到把他的船员全都带回家。

想想富兰克林·罗斯福，他在生命的黄金时期患上了脊髓灰质炎（俗称小儿麻痹症），导致他的腰部以下永久性瘫痪。他花了七年时间进行痛苦的理疗和锻炼才从小儿麻痹症中康复，那之后的每一天，即使是走下大厅或登上领奖台，对他而言都是一项壮举。丘吉尔在战争爆发前撰写了一篇关于罗斯福的文章，其中详细描述了他在七年康复的过程中所需的令人难以置信的毅力：

> 他的下肢无法动弹，从一个地方到另一个地方的哪怕一点移动都需要借助拐杖或者其他帮助。患同种病的99%的人都会因为这种痛苦而终止心智以外的所有形式的公共服务，但是他拒绝接受这样的现实。

罗斯福拒绝接受这样的判决——拒绝让他的身体决定他的生活。

当时的美国正在经历大萧条，还有“十年来政治的杂乱无章，特别是在禁酒令之后黑帮的各种丑恶罪行使得当时的美国社会格外黑暗”，丘吉尔看到罗斯福在应对这些时的毅力并没有感到惊讶。丘吉尔在二战中的精力和热情也源于此。

与此同时，我们准备在第一轮提交被拒绝后就退出。我们认为每周要求工作时间超过 40 小时就是危害人类。我们在经历了一段缓慢的销售期后，就放弃了当前的业务。我们宣称受伤后不可能康复。我们听信别人说我们不够强大、不够漂亮、不够有才华。我们看着记分牌，认为希望渺茫。

毅力总能取得主动权吗?

当然不是，但没有人会在认输后取得胜利，没有人会因为软弱取得胜利。

现实中，我们会在旅程中尝到痛苦。我们会有 100 万个机会停下来，也有 100 万个理由为自己开脱。

但我们不能这么做，因为事实并非如此。

我们继续前进。

我们坐稳椅子。

我们不会被吓倒。

Beyond the Body ...

超越身体……

那些生活得闲散和奢侈，

还认为自己可以过上高尚的精神生活的人，是大错特错。

——托尔斯泰

我们都是凡人。这一点非常重要，不仅因为我们每个人都会死，更因为我们为了生存必须做一些事情，比如我们吃饭、睡觉、运动。当然，我们做得越好，我们就越能照顾好自己的身体，越能保持好的体态。

重要的重申的一点，节制并不是关乎没有快乐的生活。事实上，我们实行自律的一个主要原因是让自己活得更久，或者至少在我们无法控制的情况下，就像卢·贾里格的悲惨境遇展示给我们的那样，可以活得更好。

作家詹姆斯·鲍德温写道：“人们为他们所做的事情付出代价，更重要的是他们让自己变成了什么样的人。为此他们付出的代价很简单，就是过他们当下的生活。”

事实上，身体也一直在为此打分。

我们今天所做的决定，总是会被身体每天默默地或非默默地记录下来，记录在我们是谁、我们的样子和我们的感受上。

你是在做正确的决定吗？是你在控制，还是你的身体在控制？

身体上的节制会影响头脑，同样，身体上的不节制和过度消耗也会妨碍头脑的正常工作。神经科学家丽莎·费尔德曼·巴雷特[①]从身体预算的角度来解释这一点：大脑调节着我们的身体，但如果我们的身体“破产”了，大脑就不可能完成它的工作。

如果你想知道人们为什么会做出错误的决定，为什么没有能力恢复，为什么会分心、会害怕、会陷入极端情绪的束缚——如果你想知道自己为什么会做这些事情，可以从身体上找到答案。

当我们谈到节制和自律时，我们指的是对自己有所掌控的人。身体是这一自我掌控旅程的第一步。

我们严格对待它，我们约束它，我们主宰它。为什么？

因为这样它可能就不会凌驾于头脑之上，就不会泯灭我们的思想。从这个意义上说，我们是在约束自己的身体，而在精神上和灵魂上解放自己。

没有人能够创造出美好的生活——如果他成为自己冲动或懒惰的奴隶，如果他不具备毅力或合理的日程安排。当然，他们会太沉迷于自我，而无法对其他人有所帮助。那些告诉自己可以自由地做任何事情的人，不可避免地会被束缚在某些事物上。

自律是我们解放自己的方式，它是解开锁链的钥匙。我们就是这样拯救自己的。

我们选择了艰难的道路，因为从长远来看，这实际上是唯一的方法。

---

① 丽莎·费尔德曼·巴雷特（Lisa Feldman Barrett），获得临床心理学博士学位，目前是美国东北大学心理学教授，领导跨学科情感科学实验室（IASL）。——译者注

第二章

内在（气质）

什么样的人快乐？他拥有健康的身体、
足智多谋的头脑和温顺的性格。
——泰勒斯[①]

身体只是我们自律的一种工具。历史上不乏才华横溢的人，比如运动员、创意人士、企业高管等，他们能够完全掌控自己的身体，但在其他地方却做得一团糟。一旦我们被分心所驱使，被偏见或坏情绪所左右，被诱惑、冲动或本能所支配，那么无论我们在饮食上、在睡眠上

① 泰勒斯（Thales），古希腊时期的思想家、科学家、哲学家，古希腊七贤之一，被誉为西方“哲学之父”。他的著名格言是：水是最好的。——译者注

有多么自律都不重要了。这样根本无法生存——事实上，这种不节制使一个人永远无法充分发挥自己的潜力，并可能会永远陷入痛苦中。

真正的自我控制不仅意味着在我们所做的事情上有节制，也意味着在这个纷繁复杂的世界中我们如何思考、如何感受、如何应对。如果说有什么区别，那就是这些特质更重要。一位观察者曾打趣富兰克林·罗斯福说，这个人“智力二流，气质一流”。考虑到罗斯福身上的疾病，这句话的真实性更加说明了“气质决定一切”。我们的头脑和我们的心灵结合在一起，形成了一种主宰我们生活的指挥系统。数百万年的进化赐予了我们这些天赋。我们会把它们当作工具来使用，还是任由它们自生自灭，让自己像木偶一样被支配？你自己来决定。

Ruling Over Yourself ...

掌控自我……

你可以说从一开始她就具备这些。

丘吉尔当然看到了。

他看见她时，伟大的英国女王伊丽莎白二世还是个婴儿。他指出：“一个婴儿身上显示出权威和深思熟虑的气质是非常令人吃惊的。”伊丽莎白二世是英国历史上在位时间最长的君主。

当然，她继承王位是25年后的事情，是在一场世界大战和退位危机之后。那天丘吉尔感受到的是一种气质的萌发，这种气质创造了一种不可思议的自我控制、服务和毅力的生活。一种几乎从未有过的精神和情感上的自律，空前绝后地出现在大皇宫的殿堂里，尤其是在那些突然成为皇后或皇帝的25岁的年轻人身上都很少见到。

我们希望看到领导者大胆、耀眼、有魅力并鼓舞人心。我们期望他们雄心勃勃，甚至会原谅他们悲剧性的缺陷或者令人不安的恶习，只要他们能取胜或者取悦我们。这无疑使他们更有吸引力，但这是稳定、可持续领导的正确方法吗？对于一个国家、一个企业，或者一个体育特许经营权？更重要的是，这是唯一的方法吗？

柏拉图有着不同的理想，他希望君主是一个“年轻，天生具有良好的记忆力、敏捷的智慧、勇气和高贵举止的人，并让这种品质（节制）作为所有美德的必要伴随，一起出现在我们君主的灵魂中，如果他还具备其他有价值的品质的话”。

伊丽莎白出生于1926年，她拥有王室血统，但没有清晰的路径和愿望去掌握权力。当然，也没人认为她会实现那位古代哲学家的理想。伊丽莎白是乔治五世次子的女儿，只是因为她的伯父爱德华八世轻率地决定离开王室去迎娶一个离过两次婚的女人，同时伊丽莎白的父亲早逝，这才让伊丽莎白成为女王突然成为可能。

无论丘吉尔从她小时候看出了什么，无论柏拉图希望什么，她都必须自我培养，并使自己成为并愿意成为伊丽莎白女王，成为世界上最受尊敬和最长久的公众人物之一。

从伊丽莎白加冕那天起，她就开始君临天下而非实际统治。众所周知，她以近乎完美的优雅姿态从事一项独特而糟糕的工作。现代英国君主能做什么？很难说。但是列出君主不能做的所有事情反而更容易。她不能通过法案，不能选择谁来管理政府，不能发动战争，甚至不应该谈论政策问题。然而，最具讽刺的是这种无能为力却是行使全部权力所需要的。近70年来，女王一直以每日简报和每周与首相会面的方式了解英国的每一项决定和内部事务，而她不被允许公开对这些信息采取行动。她不能以任何方式参与国家事务，然而每一个都是以她的名义完成的！

伊丽莎白正是以这种超乎常人的尊严与12位首相、14位美国总统和7位教皇相处的。1947年，在她21岁生日那天，这位未来的女王在那场著名的广播讲话中详细说明了她对这一想法的承诺，并告诉当时的英国人民：“我在你们所有人面前宣布，我的一生无论长短，都将致力于为你们服务，为我们所属的伟大国家服务。”

几年后，她更加明确地表达自己的责任和定位：“我不能带领你们上战场，我也不会给你们制定法律或主持正义，但我可以做些别的事情，我会把我的全部身心奉献给这些古老的岛屿和我们兄弟情谊联邦的所有人民。”

她知道这项服务会持续多久吗？她知道将为此奉献什么吗？这对她有什么要求？需要耗费多少心力？

卢·贾里格为扬基队连续出战2130场比赛，堪称英雄。然而伊丽莎白女王每天工作坚持了近70年！对她而言，每天都是比赛日，连续25 000场。她访问了超过126个国家。在1953年的一次王室旅行中，她的行程超过了4万英里，大部分时光是在船上度过的。她握了13 000次手，接受了数以万计的鞠躬和屈膝礼。她发表并聆听了超过400场演讲，而这只是她在位期间进行的100多次王室旅行中的一次。总的来说，她在海上航行了超过100万海里①，还有更多倍的空中航行。她接见了超过400万人（其中亲自与超过200万人喝过茶），颁发了超过10万个奖项。令人印象最深刻的是，在这数十万次的出访、活动、会面和用餐中，她经常要经历长途旅行和时区的变化，而她只有一次在公共场合睡着了……那是在2004年一场关于磁体在生物学和医学中的应用的讲座中。②

不用说，女王履行日常的职责需要严格的体能训练。“你累

---

① 1海里=1852米。

② 那年她已经78岁高龄了。

了吗，将军？”有一次，她询问一位陪同她出访的明显站得不直的军官。“不，女士。”他回答。“那就把手从口袋里拿出来，站直了。”她直立着五英尺四英寸[①]高的身躯告诉他。助手们指出，女王像牦牛一样强壮，可以长时间站立，即使到年老也是如此。她的第三任首相哈罗德·麦克米伦[②]曾感叹女王有“男人的心脏和胃”，更不可思议的是，即使是卢·贾里格也无法忍受女王的旅行日程。

但这种令人惊叹的行为掩盖了她这些身体壮举背后的品质：她默默地遵守的精神和情感的自律。据说从来没有人看到女王出过汗，这无疑使得她在马拉松比赛中的表现更加令人印象深刻。她的身体并不能很好地冷却自己（即出汗），但她的风度和镇定使我们无法了解这个事实。

她是怎么做到的？在布什第一个总统任期期间[③]，女王访问美国的时候，一位美国官员碰巧看见女王在为漫长的一天安静地做准备。他注意到：“她静静地站在那里，就好像在内观，做好准备——她就是这样为自己充电的。没有闲聊，完全静止不动，就这样等待着，让自己的身体休息。”

多年来，为了能够更愉快地履行长期义务，她做了不少创新。因为如果没有必要，为何让自己始终处于紧张状态呢？她与每个人会面的时间平均4秒钟。她在晚餐中删除了不必要的环节。她确保演讲是在餐后而不是餐前，这样她就可以结束演讲后

① 1英寸＝0.0254米。

② 哈罗德·麦克米伦（Harold Macmillan，1894—1986），英国政治家、保守党成员，曾于1957—1963年出任英国首相。——译者注

③ 1991年，英国女王夫妇曾在为期12天的访问中拜访了老布什总统。

偷偷提前离场。对王室媒体官员来说，她被称为“一气呵成的温莎[①]”，因为她从不急于求成，但她会想清楚自己想做的事情，然后第一时间就把它做好。

正如他们所说，更聪明地工作，而不只是更努力地工作。

自律不只是关乎耐力和力量，还在于寻找最好、最经济的做事方式。它是不断发展和完善的承诺，使得执行任务的时候更加高效。真正的高手，不仅能主宰自己的职业，还可以轻松应对，这时候其他人正累得气喘吁吁。在一次棘手的社交活动之后，女王被称赞“非常专业”。她对这种恭维不以为然，她说：“我就应该这样，考虑到我已经这样做了很久。”在一次长时间的活动之前，女王的一位助手向一位外交官保证：“不必担心女王，她已经练习了 8 个小时。”实际上，她是一个意志坚定的专业人士，她可以坚持 80 年。

那种保持“僵硬的上唇”[②]的英国人，能够如此超凡脱俗地“保持冷静，勇往直前”的人，随着时间的推移，已经有些陈词滥调了。虽然将刻板印象套用在不同人群上需要小心，但毫无疑问的是，这些在女王身上得到了充分的体现，无论情况如何，她都能保持平静。1964 年，她平静并从容地经历了魁北克的一场反君主制暴乱。1981 年，她正骑在马背上，一名枪手冲她开了六枪，而她几乎没有后退。1966 年，一块沉重的水泥块撞上了王室汽车的车顶。“这是一辆结实的汽车，”她耸耸肩说。1982 年，一

---

① 此处原文是“One-Take Windsor”。英国女王伊丽莎白二世的全名是伊丽莎白·亚历山德拉·玛丽·温莎（Elizabeth Alexandra Mary Windsor）。——译者注

② 英文短语“stiff upper lip”，直译为“僵硬的上唇”，它实际的意思是用来描述英国人一种特有的品格：性格坚毅、沉着冷静，且不轻易表露感情。——译者注

个精神错乱者闯入了女王的卧室，在打破窗户的时候还受伤了。女王从沉睡中醒来，她本可以尖叫起来，也本可以跑掉，但相反，她礼貌地招待了那个男子，直到她可以尝试召唤保安。

但女王的伟大不仅仅在于坚韧。女王是一位活泼、精明的女性，她成功地在一个通常会激发出恶的本性的位置上茁壮成长。虽然很少有人会称她为知识分子，事实上许多人嘲讽她为“智力有限的农村妇女”，但她那平静的光彩本身就是她自律的体现。

从很小的时候开始，她的父亲就带着她了解国家事务，与她平等对话。从十几岁开始，她就接受丘吉尔的建议，并在六年中每周两次接受英国最伟大的宪法专家之一的法律辅导。可以肯定，女王知道的总是比她说的要多。几乎在所有的情况下，她都比每周向她汇报的首相应对问题更有经验，也更了解问题的本质。然而，毫无例外的是首相们做大部分的谈话，她则负责倾听。与她的儿子不同，她的儿子不仅认为自己比其他人更聪明，而且经常因为固执己见而疏远他们。她不在意被人低估，她有足够的耐心知道她最终会被证明是正确的。

智慧？地位越高，自律比才华就更为稀缺。

气质可能不那么有魅力，但它长久，也更稳定。

众所周知，她会阅读女王“红盒子”中的每一份简报，最重要的部长文件都会通过“红盒子”呈报给她。很多内容都很无聊，也有很多复杂得令人头晕。她每天早上会读六份报纸。即使没有人强迫她这样做，即使不会有人就内容向她提问，她也会这样做。实际上，她可以要求提供简短的摘要，她也可以略读，但她没有。尽管按照宪法的规定，她使用这些知识的机会微乎其微，她还是会这样做。为什么？因为这是她尽职尽责的最可靠方式。

实际上，女王只有一种途径可以影响变革，她以明智、克制的方式使用它：通过提出问题。如果她担心某事或反对某事，她会要求提供更多信息，而不仅仅是在“红盒子”里或在媒体上找到的信息。有时一遍又一遍，直到最终相关政策制定者清楚了潜在的问题。她不会脱口而出她认为应该做的事情，但随着时间的推移，事情会变得足够清晰。

一位新闻秘书观察到：“她的出色之处在于她的镇静。在这个非常嘈杂的世界里，人们总是想表达自己或者反应过度，而女王所做的恰恰相反。”她无权发表政治观点，但她内心足够强大，她可以做到大多数世界领导人和普通人都无能为力的事情：避免对我们无法控制的事情发表意见。

你可能会说，伊丽莎白女王一生都在研究人类行为。她没有因为自己地位的限制与义务而感到沮丧，而是在其中找到了自由，并将这种能量用于富有成效的目的。助手们会觉得一些活动非常无聊，与此同时，女王则会发现一些有趣的东西。在吃完一顿漫长的晚餐后，她会兴致勃勃地说：“你不知道那家伙的父亲是我父亲的贴身侍从的儿子吗？”她会在一场公共活动后问：“你看到那个男人的红袜子了吗？”“为什么画廊里有额外的音乐指挥？”她会在一场音乐会后说，注意到一些连她的安保团队都没有注意到的事情。“那个士兵怎么了？”她询问一个被刺刀割伤手的年轻人，而他的指挥官太自以为是了，认为无须关心这些事情，所以他不会回答。

软弱的头脑需要经常受到娱乐和刺激，而强大的头脑可以充盈自己，更重要的是，在需要它的时候能够保持冷静和警觉。

考虑到女王所经历的一切，人们可能会认为，作为最传统职业中的一名传统主义者，她肯定不愿发生任何变化。事实上，改变一直是她一生中最大、最持久的挑战。首先，在她出生时，当今地球上的大多数国家还不存在。在她的统治期间，这个世界已经彻底重塑了自己。她的工作是保护王权机制，同时使其适应瞬息万变的未来。据说，她是这些标准的最后堡垒，但多年来，几乎每一项标准都被重新评估、调整和构想过，在某些情况下甚至经历了多次。

她说："变化已成为常态，管理它已成为一门不断延展的学科（discipline）①。"或许这就是为什么，作为"自律"的一部分，英国王室采纳了作家朱塞佩·托马西·迪·兰佩杜萨②的一句话作为座右铭："如果想要事情保持不变，那么就必须做出改变。"

我们必须明白：自律不是用铁腕来维持现状，不是对任何事物的抵抗。在一成不变的世界里也不需要太多的自律。节制是一种调整的能力，能够在任何情况下做得更好，在任何情况下都能找到成长和提高的机会，并能始终镇定自若，甚至主动地带着喜悦来做到这一点。难道我们还有什么其他选择吗？

伊丽莎白女王在位期间最有趣和最具象征意义的变化，也许是她在1993年决定对她自己征税！如果自律意味着对自己负责，也许没有比君主不顾首相本人的反对，决定提议自己的政府对自己的遗产和收入征税更好的例子了。

但这并不意味着一切都不了了之。

---

① 此处的 discipline 是双关语，有学科和自律的意思。——译者注

② 朱塞佩·托马西·迪·兰佩杜萨（Giuseppe Tomasi di Lampedusa，1896—1957），帕尔马公爵和第十一世兰佩杜萨亲王，西西里作家。他沉默寡言，孤独无伴，把绝大多数时间用于阅读和沉思，常把自己称为"一个爱孤独的孩子"。——译者注

“最好不要”是王宫内部流行的一句话。就像我们最好不要越界，最好不要急于解决这个问题，最好不要修复没有损坏的东西。让一切都慢慢来，包括改变。

这延续了她相当可观的财富和名望。伊丽莎白不是苦行僧，毕竟她住在城堡里。命运赋予了她这些，她为什么不好好享用呢？在一定范围内，这对一个自律的人来说是完全可以接受的。

虽然这远比遭遇极度贫困更为容易，但驾驭富足本身就是一项挑战。为了管理它，女王必须遵守规则，承担与生俱来的责任。她说：“我和维多利亚女王一样，我们一直都信奉那句古老的格言‘凡事适度’。”她家庭中的年轻成员一直在与这种自我控制做斗争，反抗它，在一些令人不安的情况下甚至放弃了他们的基本职责。你无法做你想做的一切，有些事情是不可协商的，特权的另一面是义务，而权力必须伴随着克制——不是每个人都明白这一点。他们可耻的行为提醒我们后果严重。

情绪激动很容易，表达喜好很容易，搞得一团糟也很容易。让自己随心所欲、情绪化甚至野心勃勃很容易，但是随时审视自我呢？让自己遵守规范呢？尤其是“逃避”更容易的时候呢？“一个人的所有行为都能自我克制、有所节制，这不是比告诉别人能做什么要好得多吗？”穆索尼乌斯·鲁弗斯早在古罗马时期说过。作为国王和精英的顾问，他明白：很多人是他们宇宙的“主人”，却缺乏最重要的力量——控制自己的思想、行动和选择的力量。

尽管如此，这仍然是一种艰难的生活。想象一下，像女王那样严格的人，当一位撰稿人递给她一份以“我非常高兴回到伯明翰”开头的演说词草稿时，她都会花时间划掉“非常”这个词。

因为它不完全正确，也不真诚……或者说她要对必须（或永远不会）访问的所有其他地方公平。

一个普通人言辞稍微夸张点也没事，但女王不可以。

想象一下那个平衡的难度！你无法像其他人一样，你的所作所为与每个人都息息相关！在无可指摘的同时，你必须平易近人。国家元首和教会领袖，无论是现代还是任何时刻……众目睽睽之下，要为哪怕是丝毫小错都做好准备！

这是否意味着她不允许自己有任何情绪？这种自律是否意味着机械式地压制情感？绝对不是。尽管女王对自己要求很高，但她对违反礼仪的行为非常宽容——不管是粉丝伸手抓住她，还是外交官忘记鞠躬。据说和她交谈非常放松，她能很快让别人放松下来。因为这也是她工作的一部分。作为女王行事很难，但她不会让你为难。

她也曾受到批评，所有公众人物都必须要忍受批评。她会逃避，或者抱怨吗？恰恰相反。1992 年是痛苦而艰难的一年，那一年她的三个孩子离婚，其中一位离婚者出版了一本揭露一切的回忆录，温莎城堡还发生了一场火灾，这是她所谓的“恐怖之年”。在仍然可以闻到火灾产生的烟味的时候，女王花时间特别指出，新闻界的问责制是她工作的一部分。她说：“毫无疑问，批评对于公共生活中的人和机构是有益的。任何机构都不应该期望不受那些忠诚和支持它的人的审查。”

然而，她也提醒英国媒体，问责制和冷酷无情是有区别的。她说：“如果审查的时候带有一丝温柔、幽默和理解，同样可以奏效。”

即使不是顺应她赞同的方向，她也会试图用礼貌的方式回应。1957 年，当女王成为一篇有争议的社论的主角时，她被批评不能与时俱进、说话生硬和依赖顾问。但女王并没有因此生气，事实上，她根本没有注意到这些批评——甚至当争议愈演愈烈，以至于文章作者奥特林厄姆勋爵在伦敦街头遭到袭击时。不过女王确实做了一些改变。一些人注意到，她的口音发生了微妙的变化，随着时间的推移，变得不那么明显和贵族气——这是一个相当令人印象深刻的壮举，尽管几乎没有得到足够的认可。

如果害怕改变，就没有人能够坚持很久；如果害怕反馈或犯错误，就很少有人能够改变。

在我撰写本文时，女王已经 95 岁了，但她仍在工作。她在执政期间没有重大失误。

如果有人应当好好享受退休生活，那无疑是女王。然而，她还在继续前进，努力把世界上最困难的工作做得更好。2013 年，荷兰、比利时和卡塔尔的君主退位，教皇也效仿。对于女王来说，这是不可想象的。她说："哦，我不会退位，我要坚持到最后。"所以她还在继续工作。

你会怎样？你的自律是什么？在压力下你能保持优雅和风度吗？你疲惫了吗？你处于别无选择的境地了吗？那就走出来。

世界上有很多领导人的权力比伊丽莎白女王的更大。

然而，很少有人能做到更克制。贪婪的人有很多，安静并光芒四射的人却很少。正是这种自我约束、自我克制，使她成为她的人民引以为傲的统治者。当然，这也救了她自己，让她摆脱了权力的诱惑，还帮助她战胜了许多暴君，同时战胜了各种暴政本身。

我们要明白：伟大不仅在于一个人做了什么，还在于一个人拒绝做什么。这是一个人如何承受其所在的世界或职业的限制，这是我们能够在有限的范围内创造性地、有意识地、冷静地做事情。

女王曾经反思道：“大多数人都有一份工作，他们做完工作就回家了。然而有一种可能是，工作和生活交织在一起，你无法真正地分开它们。”

没有比“节制之道”更好的定义了。这是一件费时费力的全职工作。

这是一生的旅程，你在其中停留的时间越长，就越令人印象深刻（也越有收获）。

Look at Every thing Like This

这样看世界

乔治·华盛顿看到了很多问题。

他在11岁时失去了父亲。在还不到22岁时，他遭到了第一次炮火的袭击，当时俄亥俄河沿岸的法国堡垒被伏击引发了法印战争。独立战争虽然以胜利告终，但实际上是连续不断的失败或挫折，从长岛到基普斯湾，从怀特普莱恩斯到华盛顿堡。在长达9年的战争中，他陷入了痛苦的财政困境，还一直面临着他心爱的弗农山可能被烧毁的风险。之后，随着美国政府陷入困境，他被卷入政治旋涡，最终成为总统，而在那里他受到了媒体的批评，遭遇了下属的刁难和选民提出的各种要求。

在26岁时，华盛顿在看一部关于斯多葛学派的戏剧时听到了一句话，他把这句话变成了他终生的口头禅。在每一种充满压力和挑战的情况下，无论是战场上遭遇挫折，还是内阁成员之间发生内讧，他都会对自己说这句话：

“在温和哲学的平静光芒中。”

正是在平静而温和的光芒中，华盛顿得知了他的一位将军在背后诽谤他的消息；他接受了他和妻子无法生育这个令人悲伤的事实；他参加了他的军官们组织的一场暴徒般的会议，他们威胁说要对美国新政府发动兵变，而他不紧不慢但巧妙地说服他们放弃叛国的行为。

仅仅在 1797 年 6 月，华盛顿就发现自己写过三封不同的信提醒自己，试图阻止自己仓促做出判断，或失去对情绪的控制，让自己以“国父”的气质审时度势。

因为和我们其他人一样，他的天性不是这样。

一位朋友说，华盛顿也不能幸免于“伴随着伟大而心烦意乱，经常使其光芒受损（皎皎者易污）”。事实上，与之战斗是他生命中第一场也是最持久的战斗。他的一位朋友在给他的悼词中说，华盛顿令人印象最深刻的胜利是“他造就了如此伟大的帝国，然而是他平和冷静的态度和举止使他一生真正与众不同”。

在 18 世纪 90 年代，画家吉尔伯特·斯图尔特为华盛顿画肖像，与他共度了很长时间。他发现华盛顿是一个勇猛、坚定、热情的人。当细致观察华盛顿的时候，斯图尔特可以感受到他那雷鸣般澎湃的激情，但更为他的“判断力和伟大的自我控制”的方式所折服。这就是为什么很少有人看到华盛顿发脾气。他不是天生的斯多葛主义者，但他把自己变成了这个样子，在每一分钟、每一天、每一种情况下都尽他所能。

你认为华盛顿不会感到沮丧或不知所措吗？他当然会。想想他遭受了什么！

然而，根据经常与华盛顿公开争论的托马斯·杰斐逊的说法，华盛顿从不着急采取行动，“直到每一种情况、每一种考虑都得到深思熟虑的权衡之后”。他最初的反应和我们所有人一样，但他试图重新审视每一种情况，寻找更好的视角解释并理解它。

心理学家维克多·弗兰克尔[①]谈到刺激和反应之间的空间。可以肯定的是，这是一个狭小的空间，但也足够能插入我们所信仰的哲学理念。我们会使用它吗？用它思考，用它审视，用它获取更多信息，还是我们会屈服于第一印象、有害的本能和旧有模式？

停顿就是一切。在以下各种情况之前：

妄下结论

预先判断

假设最坏的情况

急于为孩子解决问题（或让他们重新入睡）

把问题强行套入某种定式中

指责

冒犯

害怕地转身离开

正如我们之前谈到的，有高级自我和低级自我。这与我们的两种心智模式相一致，心理学家称之为快速思考和慢速思考。快速往往对应低级自我。直觉是低级自我（就像西奥多·罗斯福因为政治风险而犹豫是否邀请布克·华盛顿到白宫一样）。慢速对应高级自我，它指向理性的、哲学的、有原则的自我。真正地思考事情，真正地思考你想成为什么样的人（就像罗斯福所做的那样，在反思中理解，这种犹豫需要被克服）。

---

① 维克多·弗兰克尔（Viktor Frankl），奥地利心理学家、精神病学家，维也纳第三心理治疗学派——意义治疗与存在主义分析（Existential Psychoanalysis）的创始人。——译者注

我们停下来，我们聚焦。我们把事物放在聚光灯下。我们问：这是真的吗？它真的像最初感觉那样令人不安吗？像最初预想的那样可怕或烦人吗？

不要让恐惧、焦虑或偏见做决定，不要让你的脾气做决定，而要让你的气质接管。或者更确切地说，让你努力拥有的气质或这个职位所需要的气质发挥作用。

领导者不能凭冲动做决定，他们做事必须更理性、更受控制。这并不是说他们永远不会受到诱惑，不会有冲动，而是因为他们足够自律，不会贸然行事，直到他们站在聚光灯下接受了审视，在充分权衡利弊之后才会行动。

无论我们是在谈论社交媒体上的帖子，还是工作中代价高昂的错误，抑或是某人试图欺骗我们的明显谎言、不服从的员工、困难的障碍、偶然的麻木不仁或复杂的问题，我们都必须以一种慎重而温和的眼光来看待它们。

生活会抛给你很多问题，就像它曾经抛给华盛顿、弗兰克尔、罗斯福以及每一位父母的那样。

问题是：你将如何看待这一切？你如何控制审视这些事件的视角？

因为答案决定了你能做什么，更重要的是，你会成为什么样的人。

Keep the Main Thing the Main Thing

让重要的事处于重要的位置

布克·华盛顿是个大忙人。他经营着他创立的塔斯基吉学院。他经常旅行，与民众交谈并与捐赠者会面。他游说立法者，发表演讲，领导筹款活动，并出版了五本书。

他是如何做到这一切的？

这不仅关乎耐力、忙碌和精力，更关乎自律，说出那个可怕的字“不”。

他说：“愿意无所事事消磨时间的人不计其数。”

有些人认为他冷漠，有些人认为他自私。他们在背后说他的坏话。

但是，他太忙了，压根没有注意到这些。他知道，生活中最重要的事情就是让重要的事情占据重要的位置，尤其是当你的主要工作是鼓舞整个种族的时候。

但对我们其他人来说，什么才是最重要的？这才是一个关键的问题。

如果你不知道答案，你怎么可能知道该对什么说“是”、对什么说“不”呢？你怎么知道需要参与什么？你怎么知道早起要做些什么、要练习什么、要忍受什么？你不知道。你会随心所欲。你很容易被每一个闪亮的、令人兴奋的事情所影响，被每一个“我有一个潜在的机会给你”、每一个“只需要一分钟”、每一个“提前致谢”、每一个“我知道你很忙，但是……”所影响。

作家米歇尔·德·蒙田[①]提醒自己：“任何没有为明确的目标而整体规划自己生活的人，是不可能合理管理自己的个人行为的。”斯多葛学派认为，如果你不知道航行的方向，那就没有顺风。

这意味着首先要学会旁观并思考：我正在做什么？我的优先事项是什么？我所做的最重要的事情对我的工作、我的家庭以及这个世界的贡献是什么？然后要加强自律忽略其他一切。

因为布克·华盛顿有强烈的使命感——教育一代黑人男性和女性，所以他有明确的意愿和紧迫感去拒绝那些为了其他目的而耗费他的时间的事情。否则，他会像很多人一样被碎片化的，他的时间和权力会被一次一次请求、一次一次分心所蚕食。

约翰·斯坦贝克曾经在漫长的长篇小说创作过程中写道：“我希望我能知道人们是如何在做好长期持续的工作的同时，还能保持在社会、经济等其他方面的发展的。”他们是怎么做到的呢？

他们做不到！

如果没有足够自律能对所有其他多余的事情说“不”，就不可能致力于任何事情，无论是工作上还是个人生活上。

一个面试请求、一个活力四射的社交媒体、一场华丽的晚

① 米歇尔·德·蒙田（Michel de Montaigne，1533—1592），文艺复兴时期法国思想家、作家、怀疑论者。他阅历广博，思路开阔，行文无拘无束，所作散文对培根、莎士比亚等人影响颇大。他以《随笔集》（*Essais*）三卷留名后世，被人们视为写随笔的巨匠。——译者注

宴、一次异国旅行、一份诱人的副业、一个令人兴奋的新趋势，没有人说这些无趣，但它们几乎没有潜在的益处。很简单，它们伴随着机会成本，会占据每个人有限的资源和能量。

在几乎所有的领域，取得成功的秘诀都是大段时间连续的专注。然而，有多少人能有效地安排他们的时间或生活，使这成为可能？同时，他们又总想知道为什么自己疲惫不堪、效率低下、不知所措，总是落后。

这里必然的逻辑是：当我们对某件事情说“是”就意味着对其他事情说“不”。没有人可以同时出现在两个地方，没有人可以把所有的注意力都放在超过一件事情上。不过这种现实的力量也许对你有用：每一个“不”也是一个“是”，一个对真正重要的事情的“是”。拒绝一个机会意味着培养另一个机会。

这不仅是职业成功的关键，也是个人幸福的关键。当有人说“只占用你几分钟的时间”时，他不只是在“抢劫”你（他承认，在要求请教你的大脑时，也盯上了你的口袋），也是在“抢劫”你的家人以及你为之所服务的人，他正在掠夺你的未来。当你同意做不重要的事情时，或者你一次承诺太多时，也是如此。一次又一次，你自己也变成时间的窃贼。

没有人逼你参加电话会议，没有人强迫你参加这个活动或接受该奖项。没有法律规定你必须回复每封电子邮件，回复每个电话，对每条新闻都发表意见。

在科技领域，这叫“功能蔓延”①——创始人或项目经理没有

① 功能蔓延是指产品（如计算机软件）的功能持续膨胀或增加的情形。这会使产品比原始设计要更复杂，导致预算及时间成本的增加，也会加大产品的使用难度。——译者注

严格保护想法的核心理念，允许加入太多的东西。试图取悦所有人，结果是没有取悦到任何人。尝试做所有的事情，最后的结果却是一事无成。

我们的弱点是我们无法拒绝占据我们时间的要求，我们试图与每个人和平相处，也许在内心深处我们需要这样的借口——如果我们同意他们的请求，那么在需要进行全面清算的时候，我们就不必为自己糟糕的表现负责。我们可以说："好吧，要是我不那么忙就好了。"

但是我们自律的那部分，会说和女王的座右铭一样的话："最好不要。"

或许我们可以借用埃尔温·布鲁克斯·怀特[①]的俏皮话，他在被邀请加入某个有声望的委员会时说："我必须拒绝，出于私密的原因。"桑德拉·戴·奥康纳[②]的一位职员曾经满怀敬意地说："桑德拉是我认识的唯一一个不说'对不起'的女性。女性通常会说'对不起，我不能那样做'，而她只会说'不'。"

说"不"，你有这项权利。当然，你要尽可能保持礼貌，但你必须自己做主。

因为这是你的生活，因为这是你的权利。把握住它，你就会变得强大。事实上，你可以比世界上某些有权势的人更强大，而这些人是他们的日程、野心和食欲的奴隶。征服者统治着庞大的

① 埃尔温·布鲁克斯·怀特（Elwyn Brooks White，1899—1985），美国当代著名散文家、评论家，以散文闻名于世，"其文风冷峻清丽，辛辣幽默，自成一格"。他作为《纽约客》主要撰稿人，一手奠定了影响深远的"《纽约客》文风"。——译者注

② 桑德拉·戴·奥康纳（Sandra Day O'Connor），美国法学家。她是美国最高法院首位女性大法官，于2006年退休。——译者注

帝国，却是游说的奴隶。亿万富翁总是害怕失去。领导者总是追逐光鲜亮丽的新事物。谁会在意你取得了非凡的成就，却因此受到的惩罚是每天属于自己的自由越来越少？

当你可以选择的时候，你感觉自己是自由的。但如果答案总是“是”，那就没什么选择了。

也许这就是为什么在担任国防部长期间，詹姆斯·马蒂斯将军的轶事如此与众不同。马蒂斯是出了名的强调隐私和义务，他对周日上午的脱口秀节目丝毫不感兴趣，而这通常是华盛顿的政客们趋之若鹜的活动。他不在乎他的名声，也不玩弄手段。他只想工作，想真正地把事情做好。

恳求、催促、烦扰，还要被政府官员批评没有帮助他们传达信息，他最终不得不致电媒体办公室，非常平静地重申了他的“不”。

他解释道：“我戎马一生，如果你再给我打电话，我会立马把你送到阿富汗，听明白了吗？”

事情就这样到此为止了。

如果不能对别人的事情说“不”，没有人可以对自己的命运说“是”。如果没有将主要目标放在首要位置的自律，任何人都无法实现他的主要目标。

Focus, Focus, Focus

专注，专注，再专注

贝多芬会在谈话的过程中突然消失。即使是在和爱人说话，或者是在与某个有权势的王子或赞助人交谈。当突然迸发出一个重要的音乐想法时，他会立刻锁定它，沉浸其中，恍惚如在神游一样。他的注意力是如此深入与聚焦。

“你在听我说话吗？”一位朋友曾经问他。“对不起，”贝多芬回答说，“我只是沉浸在如此美妙、深入的思考中，不想被打扰。”

他们称之为他的狂喜，他的心流状态，他深耕的地方，他伟大音乐的源泉。他被缪斯女神（Muses）抓住了，但同时他也抓住了她们，在得到他需要的东西之前他拒绝放手。

现在看来，对于一个艺术家来说，这似乎有点放纵，甚至是散漫——当他们心血来潮的时候。但这实际上是一种高度自我控制和专注的行为。这很容易流于表面，也很容易被干扰而分心。

在缪斯女神到访时要尊重她们？真正专注于你重要的事情？忽略其他一切并追随灵感，或将全部精力倾注于一些似乎无法取得进展的棘手问题上？这是我们必须努力面对的精神挑战。这就是我们要培养的能力。要投入、真正、充分、完全地做出承诺。

因为这是极其罕见的。

在一个纷扰的世界里，专注是一种超能力。

人们说他们很专注，但是……

他们的电话在响

他们分心了

他们累了

他们尝试同时处于多项任务

他们实际上没有真正地专注于某事的自律

仅仅将主要的事情放在首要的位置上还不够，一旦准备就绪，你必须能够全神贯注于那个主要的事情，必须投入所有的精力。斯多葛学派告诉我们，我们必须学习如何像罗马人一样专注于每一刻，抓住这个想法，抓住摆在我们面前的这个机会。我们不能浪费掉它。我们必须筛选我们的想法，必须将目光聚焦在重要的事情上并投入其中。

在瑜伽传统中，这被称为“一境性”——让心集中在一个地方。将你的头脑完全投入或专注在某事上，让你了解它的同时对自己有一个全新的认知。

贝多芬不仅因为在社交对话中经常走神儿而出名，还以对一首乐曲创作的深度专注而闻名。交响乐不只是自然的流淌。任何灵感的闪现或一瞬间的狂喜都远远不够。交响乐的创作需要花费数小时、数天、数月甚至数年的时间，要对乐曲的每一部分进行长期的全情投入。贝多芬的传奇般专注还有一丝悲剧的讽刺意味。他的听力在下降，甚至连他最亲密的朋友也没有注意到，因为他们认为他只是沉浸在工作中。他们相信只要他愿意，他就能听到。他们理所当然地认为他只是切换到了另外的世界——就像他多年来所做的那样，专注于他真正需要听到的东西：缪斯女神。

所有艺术家和领导者都必须培养这种技能。歌德和贝多芬虽然私下相处得不好，但他们在这个能力上是相似的。一位传记作者将歌德描述为“忽略事物的专家”。他和贝多芬都将这一点与他们致力于艺术的能力相结合，并聚焦于他们当下的任务或项目，从而取得了传奇般的成果。

有这样一个事实，缪斯女神从不祝福不专注的人。即使她们祝福了，他们怎么可能会注意到？

我们拿心不在焉的教授开玩笑，就好像他们比正常人少了点什么似的。实际上恰恰相反。他们向我们展示了在实践工作中全力以赴的样子。我们其余的人过于关注无关紧要的事情，无法认识到真正的精神自律是有代价的，而他们是那些愿意付出代价的人。所以他们有可能无法找到他们的车钥匙或者穿了不匹配的袜子？他们最终可能被记住的是什么？是偶尔的社交失礼，还是他们专注的承诺所带来的变革性工作？

醒着的每一分钟、每一分脑力都被汇集到他们试图解决的巨大问题上，或者他们正在开创的研究上，抑或他们为每一个小节和乐章定义的音乐革命上。这意味着不只是对事情说“不”，也是对摆在你面前的关键任务如此强调、如此彻底地说“是”，以至于你甚至没有注意到你说“不”的事情依然存在。苹果首席设计师乔纳森·伊夫解释道：“专注不是你渴望的东西，或者你星期一做的事情。它是你每时每刻都在做的事情。”他回忆说，乔布斯总是会问他和其他苹果员工他们关注的重点，特别是他们拒绝了多少件事，因为专注于一件事就需要不专注于其他不太重要的事情。

爱比克泰德提醒我们，当你说你明天会认真对待这件事，或者你稍后会专注于它时，你真正想说的是：“今天我将变得不知羞耻、不成熟和卑微，其他人将有能力让我痛苦。”

不，如果它值得做，那么今天就值得专注，现在就值得关注。

因为像贝多芬一样，我们谁也不知道我们有多少美好的岁月，或者我们的才能会持续多久，所以我们必须在有能力的时候尽可能地使用它们。

Wait for This Sweet Fruit

等待甜蜜的果实

是的，乔伊斯·卡罗尔·欧茨是她那个时代最多产、最敬业的作家之一。

但是，如果她只是匆忙地写书出版，还会令人钦佩吗？

显然不是。多产不能是马虎的委婉说法。

欧茨写作并出版了很多作品。这其中除了要付出体能外，还要有严格的心智自律，让她可以有效管理自己的驱动力，可以创作和完善最终出版的内容。

她解释道："我几乎从不立即发表作品。"她的每一份手稿，在完成初稿后，都被放在一个抽屉里，会放置一年或者更长的时间。在那里，它们将得到孕育。欧茨会开始思考其他项目，探索其他想法。她会阅读更多，研究更多。更长生命，更多思考。

并不是说这些初稿不好，事实上，我们必须始终质疑我们最初的兴奋，或者轻松得来的东西。欧茨的耐心使她获得洞察力，这让她有充足的时间对书中内容进行微调，使内容更加正确。

她可能是增加了几页，或者删除了整个角色或场景。大多数时候，变化都非常微小。对于任何有意义的创造工作，这种谨慎的过程是必不可少的。林肯在撰写《解放黑人奴隶宣言》的时候，不仅是在等待合适的政治和军事时机来发布它，而且在写作时多次将其搁置一旁。他说，就像画家画草图一样时不时地添加一两行，“在这里或那里斟酌，并焦急地关注着事态发展”。

这样做容易吗？无论是作家还是政治家，等待合适的时机都是一件令人痛苦的事情。正如亚里士多德提醒的那样：“忍耐是苦涩的，但它的果实是甜美的。”

无论我们做什么，在忙碌和努力工作之外，我们都需要培养耐心。这种软技能对我们的挑战很有可能超出了我们坐在椅子上的时间或岁月的磨砺。当你出于本能想要离开的时候，当你真正想去追逐它的时候，请等一等。好吧，等待是最艰难的部分。

等待消息
等待合适的机会
等待事情平息
等待解决方案出现
等待人们的到来
等待检验你的假设
等着看你是否有更好的想法
我们能从等待中得到什么

《圣经》里说：“通过忍耐，我们终将拥有对我们灵魂的救赎。”

自律拯救我们……
不会在信息不足的时候采取行动
不会选择错误的选项
不会匆忙行事

不会被强迫

不会催促他人（或放弃他们）

不会得出错误的结论

不会错过那些只有等待才能得到的美好回报

正如爱迪生所说明的那样，耐心是天才的基本要素。如果不能耐心地打磨、提炼并最终释放，即使灵感迸发或者灵光乍现也是毫无价值的。爱迪生的天才之处在于将实验或发明放在一边，耐心地反复进行测试，直到有人能为他采购到更好的原材料；他不仅要发明电灯泡，还要一门心思地开发出一种可以将电力通过地下输送到第一栋房屋的方法，然后通过影响政府，在纽约市首先真正实现这一目标。

没有耐心的人无法与他人合作。他们不可能不犯判断错误和时机错误。他们不可能做成重要的事情，因为几乎所有重要的事情都比它应该花费的时间更长，比我们想要的时间更长。

有耐心的人不仅更容易相处，而且更有保护力和适应性。正如达·芬奇所写："耐心可以防止错误，就像衣服可以御寒一样。天气变冷，你穿的衣服就越多，寒冷就无法伤害你。同样的道理，当你遇到重大错误的时候，你必须要有耐心，这样它们就无能为力了。"

系好安全带耐心等待，这就是你所需要做的。

我们不仅需要日复一日的耐心，还需要长期的耐心，沙克尔顿级别的耐心。把书放在抽屉里等待它的孕育，睡一觉等明天再说，让复利发挥作用，让你的投资增值，让你的计划生效，让人们理解你超前的想法……等待即将发生的事情来证明。

这被称为“圣人的耐心”是有原因的。没有耐心，任何目标都不可能实现，都没有价值。除非经过锤炼，没有雄心壮志是可持续的。

但这就是重点。如果事情完全按照我们期望的方式发展，如果它不需要经历不适、牺牲和忍耐，那就不需要自律，每个人都可以做到。

那么果实也不会那么甜，因为在它成熟之前，就已经被品尝过了。

Perfectionism Is a Vice

完美主义是一种恶习

1931 年冬天，玛莎·格雷厄姆在编排名为“仪式”的舞蹈系列时陷入了绝望，该系列的灵感来自玛雅和阿兹特克文化。作为一个众所周知的完美主义者，她对完成舞蹈感到绝望。她感到内疚，因为担心，因为自我批评，还因为她感觉浪费了她的古根海姆奖[①]，她确信自己无法满足不断提升的声誉的预期，更不用说满足她自己的想法了。

她在自怨自艾中哀叹：“冬天已经过去了，整个冬天的工作都白费了。我毁了我这一年。这份工作我做得太糟了。”

即使她的舞者们喜欢它，即使他们已经为此投入了身心，但是她只看到需要改变的地方，只看到不完美的地方。她被困在了创意的牢笼里。

这是许多不同领域的伟人的悲惨遭遇。他们的成功建立在令人难以置信的高标准之上——通常高于任何人的要求——但这种美德也是一种可怕的恶习，不仅让他们无法享受已经取得的成就，而且阻止他们去取得下一个成就。

① 古根海姆奖（Guggenheim Fellowship），自 1925 年以来每年由约翰·西蒙·古根海姆纪念基金会颁发，主要是表彰那些“表现出卓越的生产性学术能力或杰出的艺术创造力”的人。——译者注

因为他们觉得永远不够好，因为他们总会有更多的事情要做，因为这不及他们之前的水平。

达·芬奇就曾如此，他几乎无法完成他的作品。乔布斯在被苹果公司解雇之前陷入了发布麦金塔电脑（Mac）的危机中。小说家拉尔夫·埃利森[①]的传记作者谈到了完美主义，他认为这种完美主义“堵塞”了人的动脉。有一次，埃利森为他自己的一本书写摘要，他竟然写了40份，而这本书是他出版了几十年的代表作品，他本应该能够在40分钟内完成。一个更为悲惨的结果是，埃利森从未出版他的杰作《隐形人》（*Invisible Man*）的后续作品，尽管那些年来他的手稿足足有19英寸厚。

这算是什么？是谦虚吗？是痴迷于把小事做好吗？不，这都是我们为自恋和痴迷找的令人安心的借口。我们确信每个人都非常关心我们正在做的事情，以至于我们陷入了困境。我们告诉自己这是自律，而事实上，这是自我意识[②]。

正如他们所说，“完美主义”的另一种拼写是p–a–r–a–l–y–s–i–s（即“paralysis”，表示瘫痪的意思）。

对完美的痴迷会使得我们“只见树木，不见森林”，因为到头来，最大的失误就是没能射中目标。你没有发布的东西，你因为太害怕或者对自己太过严格而没有发布和尝试的东西，从定义上来说，这些都叫失败。不管出于什么原因，不管是因为拖延还

---

① 拉尔夫·埃利森（Ralph Ellison，1914—1994），美国当代著名黑人作家，20世纪最有影响力的美国小说家之一。——译者注

② 自我意识（self-consciousness）是一种对自我的强烈重视和体会，能觉察到自我需求，无论是最低层次的生理需求，还是高层次的道德追求，再根据自我需求来进行学习、提升、进步、纠错、反省、总结，往特定目的推进。——译者注

是完美主义，结果都一样：你没有完成。

斯多葛学派提醒我们：我们不能因为对完美无望而放弃追求。你不去尝试是因为你不确定自己能赢，你不确定是否每个人都会喜欢它，有一个词可以形容这种情况：懦弱。

我们必须勇敢地去战斗、去尝试，这是我们的机会。即使有可能会输，我们也要踏入竞技场。我们必须足够强大才能做到这一点。

玛莎·格雷厄姆很幸运，她有合作者可以在必要时推她一把，帮助她摆脱过度自律的束缚。当她被“仪式”系列编舞困住的时候，她的音乐总监路易斯·霍斯特介入并提醒她：“一个人不可能总是在同一水准上创作。第六交响曲紧随第五交响曲而来，但如果没有第六交响曲，就不会有第七交响曲。一个人无法知道自己正在走向什么，过渡与成就同等重要。”

正如人们所说，完美不仅是美好的敌人，也是一切可能发生的事情的敌人。如果你被卡住了，你的潜力也会。这就是为什么完成本身就是一种成就，对于自律性而言，这也是具有纪念意义的行为。

当然，你会想要不断地修补，不断地调整，不断地在脑海中思考这些问题。不过你需要能够让自己停下来，告诉自己：“终于，这件事完成了。”如果你自己不能做到这一点，如果你在项目的最后时刻遇到麻烦，或者你知道自己可能成为完美主义的牺牲品，那么你是否有足够的自律去寻找能够帮助你的合作伙伴，将你拉出困境并回到一种平衡？

玛莎当然很成功，她的身边并没有围着各种马屁精和应声虫。她明白如果自己想要创作出伟大的作品，就需要适度的影响，来自明智的顾问和值得信赖的赞助人的影响。伟大如拉尔夫·埃利森和达·芬奇，他们都拥有非凡的天赋，但他们自身也都陷入过度的完美主义而苦苦挣扎。

正如玛莎的传记作者和舞伴，阿格尼丝·德米勒对路易斯的评价：

他是唯一一个能够督促玛莎完成作品、进行打磨并为表演做好准备的人。他在这方面很有经验。在给了玛莎几个星期甚至几个月的回旋余地之后，他终于叫停并要求她做出决定，而玛莎在她歇斯底里的混乱中并不希望做出决定。舞蹈完成了——也许远没有结束，但它完成了。

她写道：多亏了路易斯，我们才有了首演。

我们知道，如果没有首演，就永远不可能接近我们想努力达到的那个极致完美。

Do the Hard Thing First

先做难事

没有什么比尼古拉斯·尚福[①]的建议更容易被误解和误导的："一个人如果不想在一天结束的时候发现比这更恶心的东西，他就应该每天早上吞下一只青蛙。"[②]

通常认为马克·吐温将其精练并归纳为：如果我们每天早上就吃掉一只青蛙，那么这一天几乎不可能变得更糟。和平主义者、诗人威廉·斯塔福德的表达更为通俗易懂："先做难事。"

不要等待，不要告诉自己需要热身，不要告诉自己先做其他的事情，然后……

不，现在就做
优先做
这被称为优先级
赶快做完
这就是所谓的"自我关照"

① 尼古拉斯·尚福（Nicholas Chamfort，1741—1794），法国剧作家、杂文家，以风趣著称，所写格言在法国大革命期间成为民间流行的俗语。——译者注

② 事实上，尚福假托这是一位不知名的"德拉赛先生"说过的话。

请记住，莫里森在黎明前起床是为了拥有一段“私人专属时间”，而不是在早上看新闻或赶着叠衣服。她的时间有限，她用它来写作——趁其他人还没有行动的时候抓紧这一天。

这并不容易，有很多天她有所迟疑。但当她坚持下去的时候，当她在晨光中安静地写书的时候，她不仅离成为一名伟大作家的目标更接近了，而且她给了自己“私人专属时间”。现在，一天剩下的时间都是奖赏。通过优先处理难事，她照料好了自己。她拥有了早晨的时光，现在其他的一切都是超额的回报，没有什么比她已经赢得的战斗更为艰难的了。

正如日子是由早晨组成，生活是由日子组成。在任何时候拖延，无论白天还是黑夜、无论年幼还是年老，拖到以后再做都是失败者的游戏。

塞涅卡写道，所有傻瓜都有一个共同点，那就是他们总是在为生活做准备，然后告诉自己，只需要先完成一些事情，不过他们还没有找到感觉，所以他们之后会做……

什么，究竟是什么？

完全没有。

他们从未去做。

我们从未去做。

你需要更聪明、更自律。

蒙田说：“我不停地高呼，任何你改天要做的事，现在都可以做。”套用斯多葛学派的话说：你原本可以现在就做好，然而你选择等明天。

拖延似乎是被赋予的权利。它是傲慢的，它假设以后会有，假设你以后会严明自律（尽管你现在并没有）。

我们可以说，在失去潜力的墓地里，挤满了只需先做点其他事情的人。

现在是行动的时候了。

现在是开始的时候了。

事情开始的部分总是最困难的，总是你最不想做的。不要勉强，要迅速并热情地使用你经过艰苦训练的身体和敏锐而专注的头脑。

笨蛋们总是太懦弱、太害怕、太不自律以至于无法应对这样的问题，不过这对你来说是个机会。

这就是你会取胜的地方。他们会拖延，而你会遥遥领先。

前提是你现在就要开始。

Can You Get Back Up

你能重整旗鼓吗

1959年，弗洛伊德·帕特森赌上了自己的冠军头衔与英厄马尔·约翰松[①]对决。

尽管他为这场战斗进行了刻苦的训练，但随着赛期临近，帕特森的阵营似乎缺少点什么。也许是饥渴，也许是承诺。

帕特森感觉无聊，他很不耐烦，他过于自信。

当他登上拳台，一切就显现出来了。他不是那个应该胜利的人。帕特森事后反思这场战斗："每个拳手都应该有所畏惧，畏惧那些可能发生在他身上的事情。因为畏惧会让你头脑敏捷。当你无所畏惧时，你就会变得迟钝。"

他不认为他会输，但是你可以看出他不够敏锐。

在第三回合中，他被击倒了。七次。比赛最终结束了。

当拳头造成的迷雾逐渐散去，可怕的事实进入他的脑海。"我失去了冠军头衔。"帕特森简直不敢相信，但这是真的。更为痛苦的是：这都是他的错。

这有可能就是故事的结局。纵观拳击历史，在几乎所有的冠

① 英厄马尔·约翰松（Ingemar Johansson），1952—1963年为瑞典职业拳击手，1959—1960年获得世界重量级金腰带。——译者注

军争夺战中，一旦上届冠军失去金腰带，就无法再赢回来了。他们完成了使命。他们被击倒，倒计时结束。

帕特森在数周内都闷闷不乐，感到非常自责。内疚使他生病了。他几乎无法入睡，甚至无法直视孩子们的眼睛。他被击败了。

后来，帕特森收到了拳击手阿奇·穆尔寄来的一封信，这曾是他获得冠军头衔时击败的对手。信中写道："亲爱的弗洛伊德，我知道你现在的感受，我希望你不要再难过。同样的事情也发生在许多拳击手身上。当然，我非常不想输给你，可命运就是这样安排的。"在信中，他分析和阐述了帕特森比赛策略中存在的明显的问题，并总结说："如果你集中精力包抄这个人，你可以成为第一个夺回冠军头衔的人。你能做到。你的朋友，阿奇·穆尔。"

我们值得花点时间来认识到这位前冠军不可思议的善良和自律，他花时间主动写下了这些话，在他曾经的死敌处于最低谷的时候鼓励他。穆尔本可以嘲笑帕特森，但他在帮助他建立自信。

这一刻的安慰和恩典是陷入绝望的帕特森所急需的。他的退却被制止了，"遗憾派对"结束了。他想起了他的经纪人——他可以扭转乾坤。他重新开始训练。他强迫自己观看自己可耻的失败片段，从每一个失误中学习。在1960年6月，差不多整整一年后，帕特森在比赛第五回合的中途淘汰了约翰松。约翰松被帕特森重重地击倒在地，在拳台中央躺了足足五分钟才恢复意识。

在20年的职业拳击生涯中，帕特森是有史以来第一个（也是此后四个人中的唯一一个）重新获得重量级冠军的人。这强有力的事实提醒我们：失败只是暂时的，后退是可以逆转的。

我们都有可能会搞砸。我们对改变生活的机会的出现毫无准备。我们会暴饮暴食或失去理智。我们会发脾气，会让自己难堪。我们会犯错，会被打败。但这就是自律：它永远不会让我们失望，尽管有时我们会让它失望。

这会是结局吗？这就是我们现在的样子吗？我们能重整旗鼓吗？

失败并不总是取决于我们，但我们可以决定是否做一个失败者，是否做一个轻言放弃者。如果说："啊，管它呢，有什么大不了的？"这是一种不负责任的表现。在一场你显然会输的战斗中认输是一回事，而从此以后，在你的标准上认输就是另一回事了。你不仅被打败，而且彻底输了。

不要因为你天生不够冷静或者不完美而感到沮丧。因为没有人是，也没有人期望你是！

如果你的标准太高，达不到就放弃，那其实你就没有高标准，有的都是你的借口。

无论是道德还是职业上的，这都是完美主义如此危险的另一个原因。当我们功亏一篑的时候，当我们暴露出本质上的缺陷、脆弱、不堪一击、一团糟的时候，重新开始就会更难。如果我们对自己太过苛刻，就像帕特森、玛莎那样，我们就会将自己淘汰，然后彻底出局。

我们都可能会搞砸。不管怎样，我们都会旧病复发，无论是饮食还是坏习惯。可能是在公共场合丢人现眼，没有像预想的那样拼搏，屈服于激情或诱惑，甚至还可能有片刻的懦弱。我们有可能会输。没有人能在这一生中永远立于不败之地。

然后怎么办？

我们能重整旗鼓，再试一下吗？

“跌倒七次，爬起来八次。”这也是帕特森在可怕的第三回合后所做的。

日本家喻户晓的传奇棒球手王贞治曾说，对运动员来说，输球意味着明天有机会重新上场并努力做得更好。获胜也是如此。

这就是成为职业运动员的意义所在：将输赢都视为重回赛场的机会。回到你的最佳状态并坚持下去，因为那是你最快乐、最可控、最有感觉的地方。

即使是我们中间最快乐、最坚强、最自律的人，也会因环境的重压或行为的后果而举步维艰。现在我们了解弗兰克尔是一个坚定的乐观主义者，尽管他在大屠杀中遭受了恐怖虐待，但他坚定不移地相信活着的意义。就在1945年战争刚刚结束的时候，他给一些朋友的信上写道：

> 我感到说不出的疲惫，说不出的悲伤，说不出的寂寞。在集中营里，你甚至相信自己已经到了人生的低俗。然而，当你决定重新振作起来时，你发现这几乎无法持续太久，支撑你的一切都被摧毁了。当你重新做回人的那一刻，你可能会陷入更深的无尽痛苦之中。

很难去责怪他。想想如果他就此沉沦，或者更糟，彻底放弃，那人性会被剥夺、摧残成什么样子，这是难以想象的。然而，他不顾一切地站了起来。他对生活说“是”，对第二次尝试说“是”，对重返拳台说“是”，对有目的地找回幸福说“是”。

如果经历了千难万险的弗兰克尔能做到，我们也能做到。

我们的自律驱使我们去做，我们的命运取决于它。

The Battle Against Pain

与病痛做斗争

约翰·肯尼迪可能生来英俊并且富有，但他并没有被老天善待。他出生在一个有毒瘾史的家庭，有一个冷漠专横的父亲。他的身体一直是麻烦的根源，从溃疡到艾迪森氏病[①]，再到脊椎退行性病变。最初因为橄榄球运动身体受伤，之后因战争伤病复发。肯尼迪几乎常年处于病痛中。他痛苦的童年和艰巨的工作只会徒增他的压力和紧张。

这些都不是他的错。

远远不止是沮丧，这更令人痛苦。某些清晨他躺在床上的时候，或者有时在地板上摔倒的时候，他一定迟疑过是否值得起身。

如果人们看到肯尼迪的病史，就会被他为缓解病情所做出的努力吓到。作为总统，他服用了皮质类固醇、普鲁卡因、阿托品、睾酮、苯巴比妥、青霉素、苯丙胺等任何他能找到的药物。

当一位医生看到肯尼迪正在注射混合着苯丙胺和止痛药的鸡尾酒（即进行“鸡尾酒”疗法）时，他试图进行阻止。但肯尼迪

① 艾迪森氏病（Addison's disease），又称原发性慢性肾上腺皮质功能减退症，是一种罕见的内分泌疾病。——译者注

说：“我不在乎这是不是马尿，有用就行。”

有用吗？

肯尼迪对药物的需求越来越多。

他的医生也帮他买药，这使得一群阴暗的从业者进入了他的生活（和总统办公室），而他对专家的警告置若罔闻。药物不可避免地对肯尼迪产生了影响。他的疼痛依旧，他越来越沮丧。他感觉自己试图透过迷雾思考，但他并没有让自己戒掉药物，反而变本加厉地拿到了一种强效的抗精神病药物三氟拉嗪①的处方。

在古巴导弹危机那紧张的13天里，肯尼迪表现出的冷静、明智的节制行为，历史给予了恰如其分的称赞。但如果我们仔细观察就会发现，他在用药上的鲁莽做法每天会给数以百万计的人带来危险。一位医生在听说肯尼迪服用三氟拉嗪时警告他说：“任何一位手指放在‘红色按钮’上的总统都不会服用这种东西。”他甚至威胁道，如果肯尼迪不立即停止服用它，他就会去找媒体曝光。

这是关乎痛苦和快乐的事情：它们被身体感知，它们影响我们的思想、情绪和气质，这是我们始终要保护的东西。

那有可接受的药物和治疗方法吗？当然有。

人们不应该为缓解抑郁症状或慢性疼痛而违背节制的原则。爱比克泰德终生都因一条腿扭曲被折断而遭受痛苦——如果有一种安全的方法可以减轻这种疼痛，他不会愚蠢到不去找寻。我们都曾处于相同境遇，会发生事故，身体会衰老。我们会伤心欲绝。

---

① 三氟拉嗪是一种典型的抗精神病药物，主要用于治疗单纯型、紧张型和妄想型精神分裂症。——译者注

肯尼迪的问题是，他希望有一颗（或几颗）灵丹妙药能让问题消失。他利用药物来逃避，而不是将其作为工具。疼痛本不是他的错，但他为摆脱疼痛而做出错误决定就是他的错了。

事实上，能够缓解他背痛的方法非常简单。那个反对肯尼迪滥用药物的医生发现，总统竟连一个仰卧起坐都做不了。他向肯尼迪劝道："如果你不开始锻炼，你很快就会残疾。一周五天，你需要从现在就开始。"通过伸展和呼吸练习、力量训练和健美操，肯尼迪恢复了大部分的活动能力，疼痛也下降到更易于控制的程度。"我真希望十年前就认识你，"肯尼迪对他的医生说。他似乎可以停止使用他的护背了。[①]

虽然不是所有问题都可以通过呼吸新鲜空气和锻炼来解决，但我们必须对那些告诉我们什么都不用做而痛苦就会消失的人持怀疑态度。"感觉良好医生"（肯尼迪的一位医生被称作 Dr. Feelgoods）就像希腊神话中的海妖：虽然歌声甜美，但往往是致命的。

然而，一代又一代的人忽视了这个事实。毫不夸张地说，人们现在（至少是身体上没那么痛苦）已经普遍使用这个短语（感觉良好医生），来描述他们使用各种实验性迷幻药来解决他们精神上或心理上的不适。即使芬太尼流行病肆虐夺去了很多人的生命，即使这个世界因阿片类药物危机的后果而跌跌撞撞，他们仍然这样说。

药品不是闹着玩的东西！

我们的理性能力（以及我们的身体）可以折磨我们，但它们

---

① 就是他被暗杀时穿的那件护背，这让他成为一个特别固定的目标。

同时是一种馈赠。我们不应该也不必要使用药物来削弱它们的力量或者制造混乱。

那要怎么办？保持清醒地工作。去旅游吗？去治疗！与病痛做斗争。每天康复一点，每天变得更好一点。

也许这就是肯尼迪走上这条如此“诱人”的道路的原因——相信有一种事物可以让我们摆脱痛苦，某种能让人兴奋的药丸或装置可以让我们免受痛苦、无聊或者绝望。事实上，正是这种希望使我们轻信那些靠利用病人苦痛为生的专家或医生。你应该谨慎对待任何声称能帮你逃避痛苦的人或事物，任何许诺带来快感的事物都可能会给你带来真正的痛苦。

“做正确的事”意味着要从整体着眼，要找到根本原因，要解决伤病而非症状。在肯尼迪的案例中，这意味着治疗，不仅是理疗，还迫切地需要心理疏导。这需要真正的勇气和自律。因为这样做的时间更长，意味着要面对可怕的事情，要在进步的道路上缓慢前进，而不是立即转变。这样做并不容易，但至少副作用最小。

这也可能意味着，无论多么不公平或不愉快，都要找到一种与痛苦共存的方式。

斯多葛主义有一个词形容这种状况，即“坚持/忍住”。卢·贾里格知道长期的棒球生涯正如生活本身需要带伤上阵。一位队友回忆道：“我记得有一次卢的右手中指断了，每次击球都会对他有所伤害。而当他接球时，冲击会引起他反胃。你可以看到他有些畏缩，但他还是留在赛场。”在2044场比赛中，他被击中引起了严重的腰痛，这使他的下背部剧烈疼痛，连站直都成为一项挑战。他会这样就结束吗？贾里格说：“我会摆脱它，我一直这样做。”他本可以转身去喝酒，或用什么更糟的手段……但他没有。他洁身自好。他继续比赛。

疼痛有可能是一个迹象、一个警示，一个需要放慢速度或做出改变的提醒。这就是为什么波波维奇宁可接受罚款也要让他的球员休息——经济的损失比伤病（和止痛药）的痛苦更容易面对。很长一段时间以来，肯尼迪对解决问题不感兴趣，尽管危险重重，他也只是想方设法及时行乐，享受生活，否认自己的局限性。

他的身体试图警告他，他的医生试图警告他。

但他没有理会他们。

伊丽莎白女王和贾里格等人一样坚韧。但是如果他们不听从自己身体的警示，不照顾好自己，就坚持不了那么久。她依赖可持续的做法，而不是走捷径。一位外交官的年轻妻子因为长时间站立感到疼痛，她给出的建议是：“你必须像这样站立，始终保持双脚平行，确保你的体重平均分布，就是这样。”

当然，还有更多内容和建议，这只是一个开始。

我们忍受痛苦，但我们也必须从根本上解决它。

身心必须找到一种温和、适度、清醒的方法通力合作。

The Battle Against Pleasure

与贪图享乐做斗争

伊壁鸠鲁①被认为是个快乐成瘾的享乐主义者。这个人在花园上方写下的铭文确实给人留下了深刻的印象，它说："陌生人，你最好在这里逗留。我们在这里最大的好处就是快乐。这里的看守者是一位好心的主人，将为你准备妥当。他会用面包欢迎你，为你提供大量的水，并询问你：'你没有得到很好的招待吗？这个花园没有激起你的食欲，没有让你解渴吗？'"

他承诺了什么样的快乐？

食物？

饮料？

纵欲？

在公元前三世纪的雅典，几乎没有人可以确定，所以他们做了最坏的打算。数千年后的今天，我们延续了他们的怀疑，粗略

① 伊壁鸠鲁（Epicurus，前341—前270），古希腊哲学家、无神论者（被认为是西方第一个无神论哲学家），伊壁鸠鲁学派的创始人。他的学说的主要宗旨就是要达到不受干扰的宁静状态，并要学会快乐。——译者注

地将“伊壁鸠鲁主义者”定义为放纵每一种感官冲动的人。

然而，任何真正读过伊壁鸠鲁哲学的人都会找到一个更简单的幸福处方。在一封著名的信中，伊壁鸠鲁和一位富有的朋友交谈，这位朋友曾向他许诺给他任何他想要的东西，他提出要一小罐奶酪来犒劳自己。古代传记作家第欧根尼[①]写道：“这个人就是这样，他认为快乐是神圣生命的起始和终结。”

对伊壁鸠鲁来说，快乐不是贪吃，它不是盲目地给予身体任何它所渴望的东西。

伊壁鸠鲁说：“所谓快乐，我们的意思是身体上没有疼痛，精神上没有烦恼。快乐不是不间断的饮酒作乐，不是满足私欲，不是享受豪华餐桌上的大鱼大肉和其他美味佳肴，虽然这些都会让人愉快；快乐是清醒的推理，找寻每一个选择和每一次回避背后的动机，并消除那些让最大的干扰占据灵魂的信念。”

伊壁鸠鲁不是，也不想成为乔治四世，因为做国王并不是特别愉快。这个男人的暴饮暴食不仅缩短了他的生命，而且让自己想要的一切很快变成了每日的噩梦。当贝比·鲁斯被送到医院时，他胃里塞满了食物和酒水，他很开心吗？

我们对过度的无法克制，是一种罪过。我们是自律的，因为我们想在活着的时候避免地狱般的生活——一个由我们自己制造的地狱。

我们必须明白，身体是愚蠢的，我们的性情必须从其自身中拯救出来。身体想要吃饱，但最终远超过了饱。身体想要喝点什

① 第欧根尼·拉尔修（Diogenes Laërtius），罗马帝国时代的古希腊哲学家，以希腊文写作，编有古希腊哲学史料《名哲言行录》。——译者注

么，直到喝醉为止，但我们只有在酩酊大醉之后才会觉知。身体想要麻痹，正如肯尼迪所说，如果有效，他都可以忍受马尿。身体现在就要它想要的东西，对于后果，它打算以后再应对。我们必须足够聪明，拥有自我意识，能够自我克制，在一切发生之前进行干预。对于“吃得比我们应该吃的多”，你更容易摄入过量的东西，从喝酒到工作、玩乐再到熬夜。如果你餐后感到饱胀和不舒服，如果你醒来时感受到宿醉和昏昏欲睡，如果你充满遗憾或者羞愧，或者你甚至不记得前一天晚上发生的事情，那前一天真的感觉很棒吗？

斯多葛学派说，这是对我们所做一切的完美隐喻。爱比克泰德说：“要记住，在生活中要像在宴会上一样举止得体。当食物传到你身边时，伸出你的手并适度地选择。它会绕过你吗？不要阻止它。还没来吗？不要渴望它，而要等到它到达你面前。以这样的方式对待孩子、配偶、地位和财富，有朝一日，你会配得上与神明的宴会。”①

丘吉尔曾安慰妻子：“永远记住，我从酒精中得到的比酒精从我身上夺走的要多。”这是一个关键的考验。不要只考虑某种享乐会给你带来什么，要考虑它会从你身上夺走什么。想想你所追求的东西会如何随着时间的流逝而变得陈旧。想想当你经历难受、宿醉、体重增加，或在几个月后你在镜子里看到自己的样子时，你会怎么想。

当然，节制和克制不是一回事。前者意在回避，后者事关责任。为了你的身体、基因和生活方式，你应该了解如何正确地做

① 当然，对于一些人和一些事，不存在适量。参见第一章的“不做奴隶”这一节。

事。C. S. 刘易斯提醒我们，节制就是“适度而不过度”。

正如穆索尼乌斯·鲁弗斯提醒我们的那样：“按照快乐的标准，没有什么比自制力更令人愉悦，没有什么比缺乏自制力更令人痛苦。”没有一个过度放纵自己的人会过得开心，没有一个被自己的欲望所奴役的人是自由的。

在还没有憎恨自己之前就离开餐桌，避免肉类食品吃得过多而引发身体不适，或碳水化合物吃得过多而昏昏沉沉——这需要强大的意志力。类似地，晚餐时只喝一杯，不要回去继续喝，或者稍有喝醉的迹象就及时停下来。最终你会知道，更大的房子不会让你更快乐，你不需要更多的钱、更多的粉丝、更多的东西。永远不要过度享受有趣的、让你快乐的、让你愉悦的事情，以免最终让自己后悔。认识到你的选择可能会给你带来危险，而肯尼迪当时没有做到。这需要有自知之明和自我控制的能力，而如果你周围的人打算继续派对下去，你还需要有不小的勇气。

自律不是惩罚，而是避免惩罚的一种方式。我们这样做是因为我们爱自己，我们重视自己和自己所做的事情。我们会发现，碰巧这也会提升我们对事物的享受。实际上，需求少的人享用一小罐奶酪就可以和享用一顿大餐一样，他更容易满足，更能在任何情况下感受美好。

追寻真我，不要被外界干扰分心；
追求真正的快乐，不要过度沉迷于享乐；
以心智主宰身体，不要被欲望驱使；
战胜痛苦，超越快乐，提升自我。

Fight the Provocation

对抗挑衅

威廉·塔希默是弗吉尼亚州里士满的一个富有的犹太人，他拥有一家连锁百货公司，阿瑟·阿什[①]的父亲是他的司机。一天，老阿瑟载着他的老板穿过城镇去看一块打算购买的房地产，他目睹了20世纪50年代犹太人在未重建的南方地区所面临的那种歧视。

在整个谈判过程中，塔希默受到一个男人的侮辱、贬低和欺凌，这个男人似乎对与犹太人做生意特别反感。塔希默静静地忍受着，达成了交易，然后和老阿瑟开车回家。

“为什么？”老阿瑟忍不住问道，“您为什么要忍受这一切？”

塔希默解释道：“我来这里是为了购买那块土地，我得到了那块土地。它现在属于我，不属于他。只要那个男人喜欢，他可以继续诅咒我。而我拥有了土地。”

当然，塔希默也想用拳头猛击那个男人的脸，但这会让反犹分子得逞，对吧？为了不跟犹太人做生意？那塔希默会得到什

① 阿瑟·阿什（Arthur Ashe，1943—1993），美国网球运动员、1975年温网男单冠军，1980年宣布退役。他曾夺得包括1975年温网男单冠军在内的3个大满贯冠军。此外，他还是首位代表美国征战戴维斯杯比赛的非裔选手，并在戴维斯杯比赛中取得27胜5负的战绩。1992年，著名体育杂志《体育画报》评选阿瑟·阿什为当年最佳男运动员。也就是本书中的小阿瑟。——译者注

么？不仅没有得到他想要的土地，还很有可能进监狱。

随着时间的推移，事情已经远离，我们能体会到当时不公正的境遇，也惊叹于塔希默在那一刻所表现出的平静的尊严和自制力。当然，老阿瑟作为一个在南方经历种族隔离的黑人，这两点让他大有所获。事实上，他的儿子小阿瑟发现，正是这份经历塑造了他父亲养家糊口者的形象，并激励他在种族隔离期间始终保持着务实、耐心和独立。老阿瑟不在乎人们对他的评价或者如何对待他。对于他最重要的是支持他的家人，他要让他的两个儿子在一个几乎不可能成功的世界中取得成功。该死的种族主义者，老阿瑟打算拿到那块土地。

显然，如果这一切都不必发生就太好了。如果没有人受到诽谤或歧视，如果每个人都对我们友善，如果我们从未被剥夺、评判、殴打或其他恶劣的对待。但生活不是这样。

有一个关于小加图的故事，他是节俭的罗马人老加图的曾孙。有一天，他正在罗马的浴场参观，突然被一个碰巧路过的人撞了一下。如果恰巧是一个当天过得很糟糕的人，这几乎会引起一场激烈的冲突。但揪扯过后，加图迅速镇定下来，只是他拒绝接受冒犯者的道歉，并不是人们想象的那样。他说："我甚至不记得被撞了。"除了拒绝道歉之外，他也拒绝怀恨在心。

詹姆斯·派克是为数不多的白人自由骑士之一，他曾多次指出，拒绝报复会让攻击者陷入短暂的平静，可以想象，这是一个令人畏惧的自我反省时刻。**为什么这个人不像我这样被仇恨所吞噬？为什么他们不像我一样失控？他们真的比我强吗？**

永远记住：不管对方犯了多大的错误，有多么烦人，真正的冲突需要两个人才能发生。正如斯多葛学派所说，当我们被冒犯时，当我们战斗时，我们就是同谋。我们选择了参与，我们让自我放纵取代了自我控制。我们已经让我们冷静的头脑发热，尽管我们知道头脑发热的人很少做出好的决定。

在生活中，人们将会给你机会，而你可以拒绝接受。

在伊索寓言里有一个关于狮子与蚊子的故事，狮子被周围嗡嗡作响的蚊虫骚扰，它气得用爪子把自己的脸都抓破了，最后不得不要求停战。我们必须培养忽视、忍受和遗忘的能力——不只是来自混蛋的残酷挑衅，还有来自我们所爱或所尊重的人无意的轻视和误解，避免我们对自己造成比那些轻视的刺痛更大的伤害。

露丝·巴德·金斯伯格[①]的婆婆给她的建议是："有点耳聋会很有用。"这不仅帮助她度过了56年的婚姻，而且帮助她度过了在最高法院的27年职业生涯，其间，她要与她喜欢但显然意见不同的同事一起工作，尤其是她最好的朋友，与她的意识形态对立的安东宁·斯卡利亚[②]。

想想金斯伯格、老阿瑟和塔希默不得不忍受的事情，在法律和社会习俗几乎从未站在他们那一边的历史时期。然而，你现在为了所谓的"微歧视"[③]而挣扎不已？拜托了！

我们可以假装看不见，可以忽略他们在抄送给我们的系列电

---

① 露丝·巴德·金斯伯格（Ruth Bader Ginsburg，1933—2020），德裔犹太人，美国法学家，美国联邦最高法院历史上第二位女性大法官。——译者注

② 安东宁·斯卡利亚（Antonin Scalia，1936—2016），美国法学家，1986—2016年任美国联邦最高法院大法官，是美国联邦最高法院服务时间最长和最资深的大法官。——译者注

③ 微歧视（microaggression），指不易被人察觉的细微的歧视行为。它不同于普通歧视，表面上并未有露骨的攻击意味，多表现在日常语言、肢体语言，或者其他环境中对特定对象（如少数族裔、有色人种、残疾人、女性）进行有意或者无意的轻视、怠慢、诋毁和侮辱等。——译者注

子邮件上对我们的评价。我们不用假设最坏的情况，不必将嗡嗡作响的蚊子变成全民公决，不必因为它们而感到不安。

为什么你必须这样做?

因为你还有工作要做。他们就是想让你生气。因为如果你停下来回应每一次攻击，就像林肯所说的那样，相当于你现在就认输了。这样，你将永远不会完成任何事情，永远不会快乐。然后他们就赢了。

用不节制来回应不节制是世界上最容易的事情。但是我们必须记住：别人缺乏自制力并不是我们放弃自制力的理由，这也不是取得成就和成功的方法和秘诀。

小阿瑟从他父亲那里学到了这种自制力，他也从塔希默身上看到了这种自制力强有力的体现。

小阿瑟作为一名网球运动员的命运，就像你自己的命运一样，是通过有效地疏导生活中的挑衅来实现的。他出场，在球场上做他该做的事情。

其他什么都没有。没有分心，没有挫折，没有什么能够阻止他。

Beware This Madness

当心这种疯狂

在2004年NBA西部半决赛的第7场比赛中，萨姆·卡塞尔[①]在底角的一记令人难以置信的投篮让明尼苏达森林狼队领先了两分。只有最优秀的运动员才有希望完成，同时极少有人能在压力下完成。

这就是为什么摄影机和观众都喜欢接下来发生的事情：当卡塞尔得意扬扬地回到防守位置时，他的双臂像摇篮一样在双腿之间摇摆，他得意扬扬地大步向前，尽显雄风。

好巧不巧，在这场著名的雄性表演中，卡塞尔的髋部产生了一个小的撕脱性骨折。结果是整个季后赛期间，拥有主场优势的头号种子森林狼队在半决赛的6场比赛后败给了湖人队。受到伤痛的影响，卡塞尔的表现几乎没起什么作用。

当然，平静而温和地回想起来，没有人会用NBA总冠军来换取几秒钟的庆祝或嘲讽，但这就是一种激情。

激情遮蔽了我们的双眼。

它冲昏我们的头脑，削弱我们的判断力，让我们难以耐心等

---

① 萨姆·卡塞尔（Sam Cassell），美国前职业篮球运动员，司职控球后卫，现任NBA助理教练。——译者注

待，难以忍住话语，难以抵制诱惑，难以忽略一些微小的冒犯。

哎，这让我们付出了很大的代价，我们对此后悔不已。

有时这是因为骄傲、兴奋，或者愤怒、焦虑、贪婪、嫉妒，抑或是因为情欲……

想想那些职业生涯因性丑闻而毁掉的有权势的人。他们有权力，有影响力，前途一片光明。是什么让他们冒着失去一切的风险来换取短暂的快乐？哲学家德谟克利特将性描述为“轻微的疯狂”并没有错，因为它会让人发疯，让人做出可耻的事情。

愤怒只是一种稍微不那么温和的疯狂。古语道：“天欲其亡，必令其狂。”林肯著名的“怒火之信”是他在愤怒中写下的东西，出于足够的自律，他把它们放到了办公桌的抽屉里，而不是寄给它们当之无愧的收件人。相反，杜鲁门总统任期内最无意义的丑闻是他寄出的刻薄信件，其中一封是写给《纽约时报》一位批评他女儿的人的。作为一个通常都很自律的总统，这些信件、这些不羁的激情爆发都是非常反常的。唉，愤怒经常毁掉我们中最优秀的人。

几乎每一个遗憾、每一个错误、每一个尴尬的时刻——无论是个人的、职业的还是历史的——都有一个共同点：有人失去了对自己情绪的控制。有人得意忘形了，有人害怕了，有人在防御，有人在接下来的几秒钟没有先思考。

具有讽刺意味的是，如今我们如此积极地谈论“激情”。古人对这个词的看法正好相反。激情被认为是非常危险的，是要提防的。因为激情即使是积极的（它们通常并不是），往往也会把我们引入歧途。它们劫持我们的思想或身体，有时候两者兼而有之。

如果你现在不能控制自己的冲动，如果你今天可以像傀儡一样被摆布，那么当你达到自己渴望的层次时，会是怎样的情形？当你拥有权力、拥有为你辩护的人、拥有资源时，会是怎样的情形？而且，当错误的容忍度变得更小时，情况会更加棘手。

那些所做之事不如你重要的人不受控制也没关系，但你不能。

你不能因为自己一时的自负或兴奋而让自己（和队友）失去总冠军，不能因为一时的冲动而破坏自己的训练，不能让激情挡住平静温和的光芒。

也许其他人可以，但你不可以。

这是否意味着你永远不会真情流露或者释放情绪？当然不是。爱与被爱，感受激情。这意味着在你难过的时候不要对你爱的人说那些残酷的话，或者因为几秒钟的诱惑而背叛了你所爱之人的信任。你可以生气，重要的是不要因为愤怒而做任何事情。

出于“愤怒”，因为情绪激动，我们可能会在那一刻掺杂许多其他的情绪。

约翰·伍登试图将球队的激情降到最低点。他发现激情是一种不可持续且危险的燃料。他说：“我希望他们充满激情、专注并能控制自己。当这些与才能和优秀的教学相结合时，你可能会发现自己领导着一个始终在最高水平上竞争并获胜的团队。如果你是激情的奴隶，这种情况就不会发生。”

在所有要戒掉的坏习惯中，激情是最难戒掉的。因为它是突然迸发的，它是如此强大并且可燃；也因为在我们意识到自己受到它的影响之前，伤害就已经产生了。我们可以拥有激情，但没有人想要成为它的奴隶。

关键是让事情慢下来，把事情想清楚。试着不要被你不理解或无法控制的力量所驱使，就像一个瘾君子寻找渴望的警告标志一样，我们必须在失控之前找到自律的切入点。无论是焦虑还是攻击性，对一个人或一件事的欲望，庆祝还是巨大的不确定性，我们必须及时介入并紧急刹车，避免冲动变得更加强烈，让我们撞上南墙。

无论何时，当出口出现时，一定要及时采取行动。

有一个关于伊丽莎白女王的故事，她在与丈夫菲利普亲王旅行了一整天后，发现他情绪激动，两人有些争执。女王试图帮他，为了引起丈夫的注意，她指了指面前的展品。“看看这些陶器。”她平静而缓慢地说。菲利普身体一震，停下来看了看，恢复了一种王室威严的状态。后来，一位无意中听到了这段对话的政客走到了事发现场。他惊讶地发现那里根本就没有陶器。

当你计划了一件错误的事情时，正如著名的罗杰斯先生的歌词所说，你必须停下来做点别的事情。当你看到有人即将陷入激情时，看看你是否能帮助他们重新引导这种能量。

因为我们对自己负责。我们的训练、教学、天赋和（良好的）气质是我们的指南，它们引领我们前行，而不是我们的激情，不是短暂的轻微（或不那么轻微的）疯狂。

Silence Is Strength

沉默就是力量

我们很容易惊叹于斯巴达人的勇气，而经常忽略了他们其他力量的壮举。

得知薛西斯的箭会遮住太阳，利奥尼达斯回答说："那我们就在阴暗处战斗。"另一位征服者告诉斯巴达人，如果他的军队攻破他们的城墙，他会屠杀每一个士兵。斯巴达人只回答了一个词："如果……"

显然，这些在死亡面前做出的反抗是需要勇气的。毫无疑问，斯巴达人的简洁风格（以他们的名字命名）是他们自律文化的一部分。如果一个词可以表达，他们绝不会使用两个词。他们从不说多余的话——从不口无遮拦，从不过度分享，从不喋喋不休或高谈阔论。

正如阿基米德曾在斯巴达人的晚宴上解释的那样："演讲专家也知道何时不讲话。"斯巴达人管住了他们的舌头，即使这意味着人们可能会轻视他们。在一次争论中，一个斯巴达人显得异常安静。有人问："你是愚蠢还是不知所措？"他回答道："一个愚蠢的人肯定无法保持安静。"关于一位著名的斯巴达人，有人曾说："找到一个知识面更广但话更少的人是不可能的。"

罗伯特·格林[①]对此做出了完美解释："有权势的人通过少说话来恐吓并给人留下深刻印象。"

当然，具有讽刺意味的是，权力赋予了你特权，你可以随心所欲地说话，可以随心所欲地做事，想对谁说都可以。然而，保持自律不去做这些事情是有权势的人喜爱的存在方式。

这样做并不容易，特别是在今天。不仅我们自己想要说话，想要说出自己的想法，我们拥有的技术也鼓励我们分享、说话，陷入毫无意义的争论和爆发热门的话题中。

无论是在线还是面对面，我们都不可能只是坐在那里。我们参与是因为我们认为自己应该这样做，也是因为我们不想显得愚蠢（即使通过发言我们也不一定能消除所有疑虑），更是因为我们不能忍受别人错了却不自知。

这对我们有什么好处？这通常让我们陷入困境。它很少会产生任何积极的影响。它从来没有协助我们完成我们最主要的事情，而几乎总是分散我们对主要事情的注意力！

你能保守秘密吗？能对你不喜欢的人或事保持沉默吗？能让其他人传递消息吗？能忍受被误解吗？

这是一种平衡。我们每个人都需要培养敢于说话并且说真话的勇气，但我们也需要培养自律，知道什么时候保持专注，什么时候该闭嘴（以及如何以最经济的方式来衡量我们所说的话）。

你不必说出你的每一个想法，不必总是发表你的意见——尤其是在没有被征求意见的情况下。仅仅因为有一个停顿并不意

---

① 罗伯特·格林（Robert Greene，1558—1592），大学才子派戏剧作家，16世纪后期最受欢迎的英国散文作家之一，莎士比亚之前无韵诗浪漫喜剧创作中最成功的一位剧作家。他是最早的职业作家之一，也是最早的英国自传作家之一。——译者注

味着你必须要填补，其他人都在说话也并不意味着你必须加入其中。你可以尴尬地坐着，可以用沉默来发挥你的优势。你可以拭目以待。

你可以决定根本不说话，让你的工作为你说话。

众所周知，默克尔的演讲中几乎不使用形容词，但当她说话时，你会注意听，因为你知道每一个词都是事出有因的。加图只有在确定自己的话不得不说的时候才选择说话。被认为是愚蠢或简单比让自己出丑要好——你实际上可能没有什么可说的。后悔你没有说的话，而不是反过来。

语言不够严谨，沦为现在所谓的“语义蠕变”的牺牲品——夸大和误用重要的词，说的话没有实际的意义——这不仅意味着你懒于思考，也显得你气质不佳。当你决定说话时，就必须有分量；当你说什么时，就必须有意义。

请记住：言论自由是一项权利，而不是一项义务。芝诺提醒他的学生：**人只有两只耳朵、一张嘴，要尊重这个比例**。

让他们希望你多说话，让他们好奇你在想什么。正是因为这种情况很少见，所以你说的话会更有分量。

你可以用“我不知道”来回答这个问题。你可以无视侮辱，可以拒绝邀请，可以决定不解释你的理由。你可以允许自己沉默，可以把它记在你的日记里。你可以听，可以安静地坐着，可以让你的行动来说话。

你可以多听少说。只有当你确定说出来更好时，你再说话。

你当然可以。你会这样做吗？

Hold, Hold Your Fire

等等，先别开火

丘吉尔一定是多么渴望进攻啊。

正如他曾经描述，他一生的推动和努力都被他的雄心壮志所引领，让他处于局势的中心，而现在他的推动与多年来有关纳粹威胁的警告交织在一起。

丘吉尔已经失势十年了。他一直在为重掌权力的这一刻希望、梦想和谋划。

现在时机来了。

1940 年初夏，德国击败法国，法国领导层恳求英国将皇家空军投入其中。意大利察觉到法国的失败，刚刚加入战斗并向法英宣战。一场世界大战爆发了。“这是决定性的时刻，”法国军队的最高统帅马克西姆·魏刚[①]在巴黎郊外的一次会议上恳求丘吉尔。他们已经到了“最后的时刻”。丘吉尔听到他说：“英国人不应该在英国留下一架战斗机，它们都应该被送到法国。”对于一个胆大妄为的人，一个预见到这种可怕情况的人，一个新近坐拥首相全部权力的人，这注定是一个紧迫而重大的机会。

---

① 马克西姆·魏刚（Maxime Weygand，1867—1965），法国陆军上将。一战时期担任福煦的参谋长，二战初期担任法军总司令。——译者注

他会急于参战吗？

不，他不会。

“这不是决定性的时刻。”丘吉尔在停下来认真思考之后回答道，他权衡了勇气和自律以及他将要面对的漫长而艰难的道路。“这不是决定性的时刻。当希特勒将他的德国空军投向英国时，决定性的时刻将会到来。如果我们能保持对我们岛屿的制空权——这就是我所要求的——那么我们将为你们赢回一切……无论这里发生什么，我们都决心永远战斗下去。”

他非常想答应。所有的压力都指向了他——数以百万计的生命危在旦夕，不计其数的破坏还在发生。然而，他鼓起勇气拒绝了一个盟友，拒绝了其认为的最后也是唯一的希望，为不列颠之战留下了他的飞机——历史证明这一决定是非常正确的。

你能做到这一点吗？你相信自己能够独自战斗吗？你能够足够坚韧地坚持你认为正确的事情，承受批评和质疑吗？即使这要付出巨大的代价？

一个无法做到这一点的领导者，好吧，就不是领导者，而只是追随者。

几乎在战争的每一个关键时刻，丘吉尔都会被激怒。总有来自他的盟友、本国人、敌人的压力使他有冲动想要做些什么。

然而正如大多数战略一样，成功取决于明智的克制。

在1942—1943年，压力增加了，要求盟军在欧洲登陆，开辟对抗德国人的第二战场。丘吉尔又一次拒绝了。他带着一名美国外交官在午夜游览议会大厦，这座建筑已经被严重轰炸过，他解释了反对急于行动的原因。他说：“当我看着这个大厅的过道时，我看到了应该出现在这里的面孔。我只是一个幸存者，因为我那个时代的人已经死了，他们死在一战期间惨烈的帕斯尚尔战役或索姆河战役中。我们不能再忍受又一代英国人伤亡惨重。”

就政治上而言，支持主动进攻更容易。军队想要主动进攻，人民想要主动进攻。但丘吉尔一直被这样的景象所困扰：死去的英国士兵漂浮在法国海滩的海浪中，面朝下陷在比利时湿地的淤泥中。他知道他们只有一次登陆欧洲大陆的机会——这不是一蹴而就的事情。在两整年的时间里他拒绝了盟友们的多次强烈恳求，这不是因为他害怕战斗，而是因为他知道他的军队需要更多的时间来训练和准备。事实上，这就是 1943 年 9 月在意大利登陆所证明的，这两次登陆都是代价高昂的示范，也是成功攻入法国的艰难训练。

1944 年 6 月 6 日，盟军在诺曼底登陆，包括 6 万多名士兵的英国第二集团军领导了整个东翼的进攻。就这样，凭借高度的专注和非凡的自律，丘吉尔所做的不只是等待合适的时机，他还把握住了正确的时机。

我们的动力驱动着我们，错失恐惧症[①]纠缠着我们，怀疑折磨着我们。其他人都已经加入了，如果错过了我们的时刻该怎么办？要抵抗这种压力需要真正的精神自律。有时我们必须举手，不是发出继续前进的信号，而是等待、等待、等待它的到来。[②]

等待市场触底，即使每个人都说你疯了，说你很愚蠢，但你知道现在还不是时候。等待最能发挥你才能的工作，你拒绝升职

---

① 错失恐惧症（fear of missing out，FOMO），是指由自己的不在场所产生的不安与持续性焦虑。患者总感到自己不在时可能发生非常有意义的事。——译者注

② 或许等待足够长的时间来更好地考虑这项事业，就像“猪湾事件”对约翰·肯尼迪的启示一样。

或在合同谈判中拖延，以获得对你真正有价值的东西。

抵制竞争对手摆在你面前的诱惑，将他们诱入你设计的陷阱中。抵制住当对手自取灭亡的时候打断他的冲动。把时间花在一些经典的、跨界的或极其大胆的事情上，即使你错过了每个人都认定的未来的发展趋势。像马刺队那样在赛季初期选择休息，这样你就可以在正确的时刻爬上巅峰。等待，等待，养精蓄锐，这样你就可以发动真正会成功的进攻。

有一个古老的说法可以追溯到斯多葛学派，英国诗人约翰·德莱顿给予了很好的表达：谨防耐心之人的怒火。

这对丘吉尔来说很难，因为他会大发雷霆。他是一个实干家。他没有退路。然而，他在平静而温和的战略光辉中等待着。他引而不发，而当他真的开枪时，目标瞬间被摧毁。

这并不是欺骗自己说希望有一天，也许自己可以做点什么。不，你已经决定行动了。现在你有一个更困难的障碍要克服：坚持住。当你这样做的时候，要能承受住打击；当你深思熟虑决定行动的时候，要正确行事并取得胜利。

在生活中、战争中、商业中，我们往往只有一瞬间、一次机会。没有人会给你重来的机会。你永远不可能退回再去尝试不同的方法——弥补当初准备上的不足，更好地把握时机，获得更多的影响力。

只有一枪。

我们有足够的力量选择等待吗？我们能控制那些神经吗？我们可以一招制敌吗？

是的，我们可以。我们必须这样做。

Temper Your Ambition

控制你的野心

1791年，年轻的拿破仑参加了一场征文比赛，希望能赢得1200法郎的奖金。题目非常有震撼力——《男人学会快乐的最重要的真相和感受是什么？》

他花了6个月的时间写完这篇文章，不过没有获奖。但在他22岁的时候，在他年少轻狂的时候，他和以往一样，忽视了对永不满足的野心的警告。

这位未来的征服者写道："当亚历山大大帝从底比斯冲到波斯，再到印度时，他在做什么？他总是坐立不安，失去理智，自以为是神。克伦威尔的结局是什么？他统治着英格兰。但他难道没有被复仇女神的所有匕首所折磨吗？"

这是关于不节制的危害的惨烈描绘。如果这还不够，拿破仑随后发动了政变，并发表了一项意义明确的声明：

> 野心，它推翻政府、侵吞私人财富，它以鲜血和犯罪为食。野心……就像所有过度的激情一样，是一种猛烈的、不假思索的狂热，只有在生命停止时才会平息——就像一场大火，被无情的风吹动，只有在吞噬一切后才会结束。

要是能让成年的拿破仑想起这些话就好了。在那些动荡、破坏性的岁月里，他自封为法兰西皇帝，给自己授予了诸如“高贵的殿下”等浮夸的头衔，并为自己树立了卓越的形象，同时将他无能的亲戚们安排到欧洲各地的宝座上。如果有人能提醒他，告诉他对不受约束的野心所带来的危险的亲身感受就好了……[①]

不过等等，有人真的做到了！

19 世纪初，他的外交部长塔列朗从档案中翻出这篇文章，并将其作为礼物也是警告送给拿破仑，但他的“皇帝陛下”（这是拿破仑给自己的另一个头衔）拒绝接受。拿破仑这样评价年轻时的自己：作者应该受到鞭打。“我说了些多么荒谬的话啊，要是它们被保存下来，我该有多么恼火啊！”他一边说，一边把他认为是唯一的副本扔进了火里。

不久之后，他将再次让一代人横尸欧洲大陆，直到他发现自己被流放到海洋中的一个小岛上，无法再对人类造成伤害。

在历史上的大部分时间里，亚历山大都是野心勃勃的负面典型。当然，他很聪明，他完成了令人难以置信的事情。但这把他带到哪里呢？空虚、孤独、不开心。当他的士兵们终于意识到他永远不会满足时，他发现自己在嘲弄他们：“走吧！去告诉你们的同胞，你们离开的时候，亚历山大正在完成征服世界的事业。”

只是他几乎很快就死去了，他的帝国也随之崩塌。诗人尤维纳尔评论说，整个世界还不够大到可以容纳亚历山大，但最终，棺材足够了。

---

① 拿破仑大约在这个时候放弃了锻炼身体，这并非巧合。因此，即使是最讨人喜欢的肖像画家也无法忽视他日益圆胖的身材。

这一切到底是为了什么？像拿破仑一样，这与他的人民或事业无关。他完全是为了他自己发动了进攻和侵略战争。这是一种病态的需要，而后果最终基本上由其他所有人承担。

戒掉坏习惯需要相当多的自律，尤其是那些贪吃贪喝的习惯。但在世界上所有的成瘾中，最令人陶醉和最难控制的就是野心。因为社会奖励野心。我们崇拜成功者。我们不问他们在做什么或为什么这样做，而只问他们是怎么做到的。我们很容易忽略他们的成就几乎无法带给他们满足感，忽略他们中的大多数人是多么的悲惨，忽略他们让身边的人都过得多么悲惨。

与拿破仑一样，塞涅卡的野心让他陷入了困境，他提到一位名叫马略（相当于他那个时代的拿破仑）的冷酷将军说："马略指挥军队，而野心指挥着马略。"他哀叹那些破坏和扰乱世界的领导人、商人和征服者，他们自己也被扰乱。马里乌斯、拿破仑和亚历山大都很强大……但最终都无能为力。因为他们停不下来，因为永远都不够。他们渴望控制数百万人，因为他们缺乏对自己的控制。

就像我们处理与设备（如电子产品）的关系一样，我们必须问自己：谁是主宰者？我们的大脑？还是我们渴望成为最大的、最成功的、最富有的、最强大的、最有名的人的奴性需要？我们需要做更多，得到更多，一次又一次地实现？我们不得不问自己：这到底给我带来了什么？我实际上从中得到了什么？

拿破仑的成就使他快乐吗？权力和财富甚至没有带给他安全感！除了他显然应得的罪恶感和羞耻感之外，他孤零零地死在了他第二次流放的地点——圣赫勒拿岛上！

当然，这种批评并不意味着所有的成就都应该被蔑视。如果没有人试图做任何事情，没有人努力做得更好或更多，世界会是什么样子？如果我们没有雄心壮志，即我们追求的某个大目标，我们怎么会知道应该对哪些小事、哪些让人分心的事说“不”？

有野心很好，只是需要有所控制。就像自律的所有元素一样，需要平衡。试图将自己的需求减少到一无所有的僧侣或牧师，为了追求精神上的完美而拒绝所有人和所有事，这与不停建造的亿万富翁或甚至不能考虑退休的四分卫并没有什么本质上的不同。同时，那些没有梦想，没有信仰，没有尝试的人呢？好吧，这也不是重点。

我们在这里谈论的是真正的气质。正如莎士比亚所警告的那样，我们必须有一种自我意识和价值感，可以在我们永无休止的野心“超越自我”之前对其进行审视。

如果没有阻止我们失控的刹车，野心不仅会剥夺我们的幸福，而且很可能会毁掉我们并伤害他人，就像永不满足的征服者所做的那样，无论是他们发动的战争的无辜受害者，他们在征服道路上利用和抛弃的人，他们在此过程中忽视的家庭，还是被激励的无数模仿者。

我们不需要用成就来感觉良好或者足够好。我们需要什么？

真相是：不需要很多！

一些食物和水；工作，我们可以挑战自己的工作；在逆境中保持冷静的头脑；睡眠；踏踏实实地例行公事。这是我们致力于的事业，是使我们变得更好的东西。

其他一切都是额外的。或者更糟的是，正如历史无数次表明的那样，这是我们痛苦衰败的根源。

Money Is a (Dangerous) Tool

金钱是一种（危险的）工具

贝比·鲁斯作为一名运动员赚到的钱比一个理性花销的人一生所花的钱还要多。他很擅长赚钱。

他作为球队新人的工资是600美元，每月以50美元的薪水分两次发放，而当时一条面包要5美分。当鲁斯收到他的第一笔薪水时，他就用它买了一辆自行车。当他赚到大钱时，他买跑车，定制西装、皮大衣、丝绸衬衫、马蹄形钻石领带别针，还经常去赌场和赛马场。当有传言说他的婚姻陷入困境时，鲁斯给他的第一任妻子买了一件价值五千美元的貂皮大衣。当扬基队在1928年夺冠时，鲁斯租了四个房间，并在一家酒店举办了一场派对。当鲁斯得知酒店没有钢琴时，他就去买了一架。他打棒球的薪水比美国总统的收入还高，但在春训开始的时候他通常会向队友借钱，直到比赛收到薪水。一位经理说："他对钱毫无概念，他似乎认为钱永远都花不完，他可以买到任何东西。"

在扬基队的更衣室里，鲁斯对年轻的贾里格说："要省钱……一个人必须考虑到有一天他不能再打球。"据估计，那时鲁斯已经把数十万美元的职业收入浪费在了他奢靡的生活上。

他一直尽情享受，可能过得比像加图这样节俭的人更开心。但他也开始后悔（他的继承人也是如此）了，就像他的暴食一样。

许多“富人”发现自己陷入这种处境。成功的关键应该是安全感、自由和满足感。实际上，他们感受到的是焦虑、嫉妒和动荡。

“生活中唯一让我担心的就是钱。”丘吉尔曾经对他的兄弟坦白。与大多数英国上流社会人士不同，丘吉尔确实靠工作谋生——他曾是世界上收入最高的作家之一。但这并不重要，因为正如他母亲描述的那样，他是“一个完美的金钱筛子”。

他赚得快，花得也快，之后又想知道钱都去了哪里。他心爱的查特韦尔庄园位于英国乡村，他在购买的时候非常冲动和考虑不周，这差点让他失去了婚姻。1929 年，丘吉尔在市场上投机损失了 5 万美元。这是一个他无法承受的可怕损失，但他也没有吸取教训。他很快又重返市场，投资美国百货零售商蒙哥马利·沃德公司的股票单月就损失了 3000 美元。

在丘吉尔的时代，世界似乎还不够可怕，他会说出自己正在坠入深渊的感觉……经济上他果真如此。他曾经把自己描绘成一只超负荷的小猪，背着两万磅的重物。即使在伦敦大轰炸期间，他也在与他的经纪人争论版税和思考免税问题。

为什么？为什么会这样？这是缺乏自律的表现。这是试图以一种他父母缺失的方式对待自己，买他错过的爱和乐趣。这是尝试证明自己，他想要跟上那个时代最优秀、最聪明、最富有的人。庆幸的是，丘吉尔是一个活力十足的人，但这种活力有多少被浪费掉了呢？为了什么呢？即便他足够幸运可以维持，但他的儿子就没有那么幸运了——他的儿子继承了他的习惯，但没有继承他的天赋。他儿子唯一的希望就是他的父亲能够坚持，坚持，坚持下去。

当你的选择让你变成一个必须为钱担心的人时，无论你赚了多少钱，你都不算富有。

在大西洋彼岸，作家弗朗西斯·斯科特·菲茨杰拉德[①]也选择了类似的生活方式。他迷恋财富，被驱使、不尊重才华，也非常不成熟，在婚姻中表现出了自己最糟糕的一面。当看到自己堆积如山的债务，他抱怨道："我过去常为自己写作。"现在他写信阻止收藏家们，试图和他的编辑们或朋友们一起拯救自我。这无疑摧毁了他的信心，偷走了他对写作的热爱。尽管他一生的收入相当于今天的数百万美元，但他最终还是身无分文，在酒店房间里孤独地死去。他的财富一去不复返了，这么多年的伟大写作的回报一去不复返了。

"这个可怜的混蛋。"多萝西·帕克[②]低头看着棺材里时年44岁的菲茨杰拉德说。最让她印象深刻的是他那双苍老的、布满皱纹的手，静静地展示着所有纵欲无度的代价，就连最熟练的防腐师也无法掩盖。

如果你有钱，那就花掉它吧……当下的问题在于人们的花费超出他们的能力，去获得他们不需要的东西，而价格远远不值得他们付出的代价。

幸运的是，丘吉尔有足够的自制力——或者可能是运气好——他从未濒临破产的边缘。但已经很接近了。如果他真的是那样，

---

① 弗朗西斯·斯科特·菲茨杰拉德（Francis Scott Fitzgerald，1896—1940），美国作家、编剧。他最著名的小说是《了不起的盖茨比》，此书奠定了他在现代美国文学史上的地位，使他成为20世纪20年代"爵士时代"的发言人和"迷惘的一代"的代表作家之一。——译者注

② 多萝西·帕克（Dorothy Parker，1893—1967），美国诗人、讽刺作家和评论家。——译者注

那自由世界的命运可能会大有不同……

是什么让你认为自己可以承受这种风险？是因为你如此有才华，所以永远不会用尽吗？你可以过度耗费精力吗？而且，你不会被更多的、无止境的需求所腐蚀吗？

值得花点时间澄清一下，入不敷出并非不计后果的金钱管理的唯一形式。加图克制的美德很容易被夸大，甚至可能是加图自己。在小处精打细算和因小失大都是不负责任的，将你的生命和活力耗尽，仅仅是为了在无关紧要的事情上节省微不足道的钱。

金钱的自律是相对的。不要为小事烦心，不要为细节烦心。当然，省钱很重要，而我们只是想确保这不会浪费我们最宝贵的资源：时间。缺少时间可能会损坏我们与所爱、反关心之人的关系——我们的配偶、孩子、朋友——他们对自己也许不那么严格。

几个世纪以来，处于金钱光谱两个极端的人都从根本上误解了金钱的价值和目的。菲茨杰拉德认为富人是特别的，是与众不同的。海明威回应道："是的，他们有更多的钱。"

金钱没有好坏之分。它是一种工具。例如，在丘吉尔被流放到政治荒野的时候，他的写作为他提供了支持。如果金钱提供自由或者杠杆作用，那就很好了。但是如果它成了一种瘾或者障碍，或者更糟糕的，一种分心物，那就不太好了。与任何强大的工具一样，金钱具有危险性，必须安全而有意识地使用（它不适合意志薄弱者）。

金钱买不来幸福，但它可以让你摆脱一些挫败感。它也不能给你自由，如果你依赖它为你提供你不需要的东西，或者超过任何理性的人实际需要的东西。

问题是，我们中的许多人告诉自己，有一天我们会超越这一点，如果我们能赚到足够的钱、足够成功，我们就不必考虑这些事情。我们将超越节制和财务尽责性，将摆脱普通人的日常烦恼，可以随心所欲地做我们想做的事。因为我们会“很好”，所以我们会“实现”。

然而事情是这样的：这永远不会发生。

“物质底气”是一种幻想，很少有人会拥有它。穷人有穷人的问题，富人有富人的问题，人们总会有各种各样的问题。你总是需要自律。或者至少，你永远无法逃避忽视它的后果。

“物质底气”真的是一个令人钦佩的目标吗？有这么多钱，你就不必关心任何人或任何事？这不是美德，这是幼稚。你真正需要的只是足够的钱，让你能舒服地有礼貌地说：“不，谢谢，我还是不要。”永远不必为了一分钱做任何违背你价值观的事情。要能坚持做你最要紧的事情。

再多的钱也无法真正解放你。但是如果你不那么依赖，不那么在意钱呢？这会让你现在就得到自由。

斯多葛学派哲学家穆索尼乌斯·鲁弗斯在对付一个特别令人沮丧的贪婪的人的时候，给了他很多钱让他离开。当一个追随者反对并指出这个人的许多缺点时，穆索尼乌斯只是笑着说：“钱正是他应得的。”

但这种做法有利有弊。

很多人赚了很多钱，并不一定会让他们变得更糟。卢·贾里格和贝比·鲁斯都是排在前0.001%内的人，伊丽莎白女王和乔治四世继承了同样无价的珠宝和财富。我们自行决定走向何方。更好或更差？奢侈品还是负担？

我们决定我们是否应得我们所得到的。

Get Better Every Day

每天都变得更好

苏格拉底知道的不多。他并没有多少把握。

但他确信："我们不能保持现状。"

你是谁并不重要，你做了什么也不重要。

没有人能做到最好。人无完人。

每个人都可以改进。

很少有比这更重要或更危险的自我实现的预言了。

如果你认为自己有成长的空间，你就会有成长的空间。如果你认为自己已经做到了最好，那么你是对的，你不会变得更好了。

据说，历史上最伟大的四分卫，也是最年轻和最年长的"超级碗"冠军，汤姆·布拉迪[①]并不痴迷于胜利。他并不关注这些，而是痴迷于提高第四节传球达阵的准确性，痴迷于更快地将球传出。他不愿意一成不变，尽管这个"不变"已经是联盟中最好的。变得更好的过程是他的药，是他追逐的神龙，是他挑战衰老和超乎所有期望的方式。

持续改进。总能找到一些需要改进的地方，取得一点进展。

---

① 汤姆·布拉迪（Tom Brady），美国职业美式橄榄球运动员。1999 年，布拉迪带领密歇根大学狼獾队夺得 NCAA 四大杯赛之一的橘子碗。2000 年 NFL 选秀，布拉迪被新英格兰爱国者队选中，成为替补四分卫。——译者注

永不满足，一直成长。

变革？转型？这正是业余爱好者所追求的。在改进之后获得优势。

如果第一步只是在场，承诺每天做一些事情，那么下一步就是找到专注点让自己每天变得更好。在这种情况下，当累积的改进遇到复利回报时，我们可以利用地球上最强大的力量之一。

想想看：大多数人甚至都不在场，而在场的人中，大多数人并没有真正推动自己改进。所以，如果你能在场并且每日取得进步，你就是少数人中更稀有的人。

如果改进听起来很难，那么少犯错误怎么样？

这是贾里格的经理对他的评价。贾里格作为一名运动员，他拥有不可思议的人生轨迹的秘诀不仅在于他的承诺，还在于他从未犯过两次同样的错误。这个在职业生涯开端每局至少失误一次的人，逐渐改进到每场比赛一次失误，每周一次失误，每月一次失误……

人非圣贤，孰能无过。但是每天少犯错误，就会更接近圣贤。

我们不仅要坚持自己的标准，而且要在前进的过程中不断提高标准。就像举重训练一样，我们所举的重量应该在随后的每次锻炼中稳步地增加。我们不满足于自己当下的表现，我们不断进步，能让我们免于停滞不前。它推动着我们前进。

我们似乎从来没有“到达”过，这是否有点令人沮丧？我们的标准是不是超出了我们的能力范围？绝对不是！我们移动了球门柱，这样比赛就不会变得无聊，更重要的是，它永远不会结束。最终，这给我们带来了更多的快乐和满足感。我们到达了我们从未见过的高度。

你是想腐烂还是想成熟？你变得更好了吗？因为如果你没有，那么你可能会变得更糟。

任何人，无论是职业运动员还是家庭清洁工，都可以在工作中做得更好。你可以成为一个更好的人、一个更好的公民、一个更好的儿子或女儿。你可以更加深思熟虑，更加专注，更加清楚自己的想法。

“就像一个人乐于改良他的农场，另一个人乐于改良他的马一样，我乐于每天关注我的进步。”爱比克泰德或许会这样说，碰巧的是这在苏格拉底身上不断重复。他说这句话的时候是作为一个从奴隶制中挣脱出来的人，彼时他正在被流放，他是古代世界上最聪明的人之一。尽管如此，他仍然每天专注于如何以各种方式变得更好。

你可以想象，在那些黑暗的时期，这样的自律对于爱比克泰德非常有帮助。因为它让他可以有所专注——在他能控制的事物上，而不是他的主人、他所处的社会或他的社会地位。这种自律在顺境时也很有帮助，它可以防止人们变得过于自大或自满。

记分牌上的内容、银行账户余额、销售数据或头条新闻都无关紧要，你都知道。你知道自己是变得更好还是更糟，你是否每天都在进步。如果你是这样？那太棒了。如果你知道还有改进的空间？也很好。不管怎样，你的行进命令都不会变。

不管成功还是失败，获得名誉还是遭遇不幸，关注进步能让我们自豪地站在镜子前审视自我，而忽略背景中的所有骚动。

这是一生的旅程。事实上，这就是思考所有这些问题的方式：如果你一生中每天只进步一点点，你能取得多大的进步？如果你取得的每一点进步都包含了取得更大进步的机会和义务，而你抓住了这些机会，每次都履行了这些义务，那么这段旅程会是什么样子呢？

你会选择踏上这段旅程吗？即使你已经到达了比你预期更远的地方，你还会继续前进吗？还是会就此止步？

你会继续练习吗？还是你认为这已经足够好？你足够好吗？

你会保持初心吗？还是成为你能成为的样子？

因为你一旦停止变得更好，那就只剩下一个行进方向……

在玛格丽特·尤瑟纳尔[1]的美丽小说《哈德良回忆录》（*Memoirs of Hadrian*）中，皇帝说："尽你所能，再做一遍。然后继续改进，即使是一点点的修饰。"

这是一个美丽的讽刺：你永远不会满足于你的进步，但你总是很满足，因为你在进步。

① 玛格丽特·尤瑟纳尔（Marguerite Yourcenar，1903—1987），法国诗人、小说家、戏剧家和翻译家。——译者注

Share the Load

分担负荷

1956年，哈里·贝拉方特[①]打电话给科雷塔·斯科特·金。因为她的丈夫马丁·路德·金再次被捕，他询问她民权运动还需要什么。但是他们两个几乎无法正常交谈，因为科雷塔不断地中断通话，去照顾一个孩子，从烤箱里拿出晚餐，去开门。

似乎感觉到她是一个人在做这一切，贝拉方特礼貌地问为什么没有请家庭帮手。好吧，她告诉他，马丁根本就不会允许。牧师的薪水无法承担这样的奢侈，而且他们也担心人们会评判他们。当数以百万计的黑人在受苦时，他们觉得不能这样放纵自己。

“这太荒谬了。金作为这场运动的核心成员做了所有的事情，如果有人帮助你，他就会被人们的想法所困扰吗？”贝拉方特说，“你的生活现在就需要改变。”他会亲自支付雇员的费用，而马丁在这件事上绝不能推辞。

这不只是对一个过度劳累的家庭的友好表示，也是一个战略

① 哈里·贝拉方特（Harry Belafonte，1927—2023），美国唱片艺术家、歌手、演员和制作人，曾获得格莱美终身成就奖，并赢得了“美国国家艺术勋章”等荣誉。他还支持许多社会和政治事业，1987年3月4日，他被任命为联合国儿童基金会的亲善大使。——译者注

举措。贝拉方特为马丁和科雷塔购买的不只是帮助，也是时间，是内心的平静，更是一种保护。他知道，有了这些帮助，他们就会有更多的精力，更加专注于事业。他们会更强大，更高效。他希望马丁在为和平与正义奔走时不必担心冰箱里是否有牛奶。

不事必躬亲是需要自律的，特别是当你知道如何做好这些事情的时候，当你对如何做有很高的标准的时候。即使你喜欢这样做——无论是修剪自己的草坪、写演讲稿、制定自己的日程安排，还是接听自己的电话。

正如普鲁塔克[①]提醒我们的那样，虽然领导者必须知道所有的事情都如何做，但他们不可能做所有事情。身体上不可行，精神上也是不可能的。

通常，管理负荷的最佳方式是分担负荷。

令人悲哀的是，那些在琐碎的事情上耗费精力的人，在重要时刻到来的时候他们已经精疲力竭了。令人悲哀的是，那些精神上疲惫不堪的人（及其周围的人），因为他们已经把所有事情都揽在了自己身上，以至于当事情出错时，他们没有任何可以松懈或缓冲的空间来应对额外的压力。

贪食者不只是吃得太多或喝得太多的人。我们中的一些人还贪恋惩罚、关注、控制和工作。是什么让识别贪恋变得如此棘手，更不用说有效地管理了，因为它通常来自一个好地方，就像马丁所做的那样，我们感觉自己有义务这样做。我们在花钱的时候感觉很糟糕。我们对寻求帮助感到内疚。无论是否出于善

---

① 普鲁塔克（Plutarch，约46—120），罗马帝国时代的希腊作家、哲学家、历史学家，以《对比列传》（又称《希腊罗马名人传》）一书闻名后世。——译者注

意，结果都是一样的：我们把自己累垮了。我们伤害了自己，伤害了事业，忽视了主要的事情。我们最终使世界丧失了进步的可能——经济学家提到的比较优势法则的好处。

你必须能够传球，特别是当有人没被防守并且有更好的投篮机会时。你必须能够与其他球员分享场上时间，就像那些马刺队的首发球员愿意做的那样，因为这样才是球队。

没有安全感的人无法做到这一点。他们害怕被批评，害怕让人们看到幕后的状况。暴君无法做到这一点，自我主义者也无法做到这一点，贪图小利的人更无法做到这一点。他们想要这一切都属于自己。他们的实力不足还总是以自我为中心，只顾自己还想独占所有的成果。

凡事都要亲力亲为是没有意义的，你必须学会授权。你必须找到擅长做这些事的人并授权他们来帮助你。你必须足够强大，能够交出钥匙，放弃控制权，建立一个比我们自己更强大的系统和组织。如果你想让主要的事情成为主要的事情，也许你需要雇用一个可以为你缓冲的人——一个对你说“不”的人。

我们的意志力还远远不够，我们不应该把它耗尽。如果我们想扩大规模，试图构建或者做一些重要的事情，一些比我们自己能做的更大的事情，我们需要相互分担。

当然，这需要一定的特权。并非我们所有人都负担得起聘请全职员工，或者有一个愿意掏腰包的赞助人。但是我们每个人都必须知道我们 1 小时的价值。我们必须足够自律来弄清楚如何最好地利用这段时间，以及如何投资使它结出果实。

无论你多么成功或者多么重要，都有一些任务可以自动化完成，有一些遗留任务需要重新分配。生活中几乎每件事都需要团队协作。你知道效率低下，但你拒绝授权别人。你继续尝试做好每个人的工作。

别磨蹭了。去授权！

这样做并不一定会省钱，但不这样做显得无知和傲慢。这样做的价值几乎无法估量，因为它为你保留了世界上最昂贵的东西：时间。

通过强迫马丁授权，贝拉方特给了这个人乃至整个社会更多的时间来完成他的核心工作。形象地说，我们每个人耳边都有一个滴答作响的时钟，但马丁的时间却极具地缩短。他和科雷塔不必花在做家务上的每一分钟都是值得的。

那么，他们在一起度过的时间又能做什么呢？因为授权不仅节省了时间，还提供了空间自由。它使我们能够简述、思考、联系、欣赏。后来，一位采访者问马丁，如果休息一周不被打扰，他会做些什么。考虑到当时世界的不公正和民权运动的要求，马丁嘲笑这种事情的绝对不可能，然后解释了他会做什么：

> 如果我有整整一周的时间，我会用它来冥想和阅读，在精神上和智力上为自己充电。在斗争中，在挫折中，在没完没了的工作中，我常常反思自己永远在付出——从没有停下来充电。我迫切需要哪怕一个小时的时间来离开、退出、补充能量。我需要更多的时间来思考正在做的事情，从运动的机械性中抽出时间反思运动本身的意义。

如果你有这样的一周时间你会做什么？如果是一个小时呢？只需要一点帮助，你就可以为自己腾出一些额外的时间和空间？

不是任意的时间，是反思和思考的时间；不是任意的空间，是学习和规划的空间。

总之，每天的那一点点时间和空间结合在一起，可以为我们提供一个机会来思考对我们来说重要的事情，并审视我们在生活中的表现。

你应该得到这样的机会。但是只有一种方法可以得到它。那就是通过授权，通过寻求帮助，通过做出改变。

Respect Time

珍惜时间

哈里·杜鲁门是一个守时的人。

从他上学的时候起，这一点就已经根深蒂固了。根据校园守则，学生们被要求“准时和定期出勤；精神上顺从；行动有序；勤奋好学；举止温和而恭敬”。

陈旧的习惯难以改变，尤其是那些根深蒂固的自律和诚恳。到杜鲁门成为总统的时候，他觉得迟到是不可想象的，即使每个人都会容忍他的迟到。

一个能够控制核按钮的人在准时这件事上坚持了最高的标准。总统办公室的坚毅桌上有 4 个时钟，房间里有 2 个，他的手腕上还有 1 个。甚至在他走路的时候，他也会保持在军队中训练过的记录，准确地保持每分钟走 120 步。

他的一位职员解释说：“当他去吃午饭时，如果他说他会在下午 2:00 回来，他一定会准时回来。不是在下午 2:05，也不是在 1:15，一定是在 2:00。”酒店职员和记者们可以按杜鲁门的日常作息来设置自己的手表——“哦，他将在早上 7:29 下电梯”，每当他访问纽约时，他们都会说。他会的！从无例外！

追求自律意味着在所有事情上都要自律，尤其是在小事上。比如要做到准时，但准时不仅仅是关于准时本身，它关乎管理时间——地球上最重要的资源。

有些人声称时间只是被构建出来的。如果这是真的，它也许是人类最伟大的创造。因为时间是我们衡量我们拥有的这个真正的不可再生资源的方式。没有人会得到更多。它一旦丢失，就无法挽回。

你看，我们浪费时间的同时也是在消耗我们自己。当我们消磨时间的时候，我们就是在消磨自己。我们必须学会如何利用时间，否则它会耗尽我们。

这就是为什么我们要迅速开展工作、要关注重点、要严格执行议程，而不喋喋不休、不容忍离题、不沉迷于分心。这就是我们保持办公桌整洁的原因——我们不会浪费时间寻找东西。这就是我们早起的原因——我们会拥有更多的时间，在一天中最清醒的时候拥有不间断的时间。这就是为什么我们在说“是”或者“不”的时候要慎重考虑，因为我们明白时间是一种礼物——我们要用它做重要的事情。

我们准时开始，准时结束。我们在截止日期之前提交我们的项目。因为如果我们不这样做，它就会占用下一件事的时间。这意味着我们不可能提前完成，更不用说准时了……于是我们逾期了。时间已经一去不复返了。

作为纽约尼克斯队的新秀，年轻的菲尔·杰克逊[①]大部分时间都坐在替补席上。一天晚上，在一场比赛即将结束的时候，杰

① 菲尔·杰克逊（Phil Jackson），美国职业篮球运动员，司职大前锋，NBA 传奇教练，绰号“禅师”（Zen Master）。——译者注

克逊正在与另一名替补队员交谈，主教练雷德·霍尔兹曼①的提问让他措手不及。“还剩多少时间，杰克逊？”雷德问道。“1分28秒。”他回答。“不，投篮时钟上还剩多少时间？”雷德问。杰克逊当然不知道。雷德气愤地说：“好吧，你必须知道。你随时会加入比赛，如果你不知道时间，你可能会给我们带来麻烦。别让我再抓到你这样了。”

我们每天都被给予同样的24小时，就像每支篮球队在球场上的每次持球有24秒一样。没有意识到？不尊重它？不知道如何使用和管理它？这不仅草率，而且愚蠢。

你永远都在比赛中。你必须准确地知道时间，否则你永远不知道它什么时候会用完。这就是死亡警告②的意思。没有人可以把时间或生活视为理所当然，因为它最终会被我们所有人所耗尽。

诗人威斯坦·休·奥登给予了更实用的解释：“现代斯多葛主义者知道，约束激情最可靠的方法是约束时间：决定你一天中想要或应该做什么，然后每天都在同一时刻做，这样激情就不会给你带来麻烦。”现在，人们不必严格遵循这个建议，就能了解其背后更深层次的信息：例行公事是一种重要的工具，能够管理时间，能够抑制分心、拖延和懒惰的负面力量。

那个睡觉睡到自然醒、起床后随意做事的人，如何安排好他

---

① 雷德·霍尔兹曼（Red Holzman，1920—1998），纽约尼克斯队历史上最伟大的教练。尼克斯队在他的带领下成了一支凶猛的防守型球队，并在1970和1973年两夺NBA总冠军。他是NBA历史上胜率排第十一的教练，在NBA当了18年的主教练，1985年入选奈史密斯篮球名人纪念堂。霍尔兹曼的成功在于坚持团队作战、相互信任、追求每个细节的完美和临场指挥足智多谋。——译者注

② 死亡警告：谨记，人终有一死。——译者注

们的一天呢？这样的人永远不会有足够的时间，总是拖延。自律的人，像莫里森一样根据需求早起，像威廉·斯塔福德一样优先处理艰巨的项目，像杜鲁门一样守时，像布克·华盛顿一样对不重要的事情说“不”：这些都是充分利用时间的人。

花点时间想想你去年是如何度过的，以及上个月、上周、昨天。想想有多少是被浪费的，有多少是半途而废的，有多少是用来应对你无法控制的事情的。即使你这次成绩不错，不过你原本可以做得更好。我们都可以。

时间转瞬即逝，我们懒散地做事情而之后不得不返工，我们同意做了不应该做的事情。我们本可以将所有这些事情做得更好，除非我们做不到。无法逃避的事实是，那些时光已经一去不复返了，你永远不会回到那个时刻。

你错过了变得更好的机会，错过了取得进步的机会。你不尊重其他人（你让他们等待），不尊重你的事业（你剥夺了自己的存在）。

但这场悲剧的一线希望是，生活给了你第二次机会。

至少现在是这样。因为你拥有今天，拥有当下。

你会如何度过呢？你会做什么？

让我们明确一点，这不意味着要仓促行事。伊丽莎白女王的母亲曾经被一名助手在公众场合催促赶时间。“时间不是我的主人”，女王的母亲一边说，一边停下来与每个等着见她的人握手，“我是时间的主人。”

虽然时间最终决定了我们在这个地球上的存在，但我们可以决定如何使用它。只要我们意识到它，意识到它的价值和管理它的重要性。无论最终我们会成为什么样的人，会居于何种职位，让我们承诺可以按照年轻的杜鲁门的指示来使用它：

准时

遵守

有条理

勤奋

温和

恭敬

现在是时候了，因为现在是你唯一拥有的时间。

Put Up Boundaries

设置边界

乔治·华盛顿以他的沉默寡言闻名，他自己的情绪和个人感受从不外露。默克尔最亲密的助手从未出现在她的公寓里。

令人惊奇的是，伊丽莎白女王一生都出现在镜头前，她会见了如此多的人，与世界领导人一起多次露面、发表演讲并作为听众，但是几乎没有人能回答这个诱人而迷人的问题：

“女王是什么样的人？”

想象一下，她从来没有接受过记者的专访……七十年！伊朗国王曾经问她，在她在位期间，是工党首相多还是保守党首相多。事实上，女王并不知道——因为这不关她的事。这也是不合适的。

伊丽莎白女王不仅是她职业中各种规则的观察者，她的克制不仅是不参与政治。她的孙子们可以证明，她很少给出明确的建议，也从不告诉他们必须做什么。相反，她只是提出正确的问题，或者更好的问题，并不带评判地倾听，让他们自己解决问题。

一个词来形容？

那就是边界。

可悲的是，坚守自律的情况如今太罕见了。

在这个充斥着社交媒体和即时满足的世界里，我们可能不太尊重建立和维护边界的人。你知道，管好你自己的事。制定参与规则，让你的私人生活保持私密，不要让人们把你拖入泥潭，不要纠缠于他人或者你自己的缺陷（或纠缠于你自己的），变得足够强大到表述你喜欢和不喜欢的东西，尊重他人的空间和喜好。

这看似基本的东西，基本上没有人能够掌握。

想想我们描述这样的人所用的词汇：

过度分享者（Oversharers：指过于分享自己生活细节或隐私的人）

一团糟的人（Hot messes：指外表混乱、行为混乱或精神状态混乱的人）

被利用者（Doormats：门垫，指过于顺从、不会说“不”或常常被别人欺负的人）

戏精（Drama queens：戏剧女王，指经常夸大事情，制造戏剧性场面的人）

好管闲事的人（Busybodies：指喜欢管闲事或过于关注他人私事的人）

耳根子软的人（Pushovers：指容易被说服，对他人的要求或意见毫无抵抗力的人）

八卦者（Gossipmongers：指喜欢传播谣言或别人私事的人）

几年前，南方哲学家彼得·劳勒谈到女士们和先生们的迫切需要——知道自己是谁，生来就知道自己应该做什么，懂得爱和死亡，而不仅仅是为了生物学的存在。

女士们和先生们？正常的成年人会怎么样？人们掌控自己的生活。

普鲁塔克提醒领导人，如果人们经常看到他们围着炉火大嚼豆子，那么他们很可能不会得到太多来自他们本国人民的崇拜。他谈论的是伊丽莎白女王、默克尔和乔治·华盛顿都实行的那种距离和保留。加图是所谓的罗马祖训[①]的狂热捍卫者。那些介于礼仪和道德之间的规则，它们告诉我们如何行动、如何待人、如何自律、如何处理收到的超速罚单，或者当处于法律或规则的要求和逃避责任的中间地带时我们该如何做。

但它的意义不止于此。

边界是在你的周围划出一些健康的界限，用于区分你能分享和不能分享的、你能接受和不能接受的、你如何对待他人和你期望被如何对待，以及什么是你的责任而什么不是。

如果别人给你布置了太多的事情，你不拒绝或者不反击，那么你就不可能专注于主要的事情。如果你不知道自己是谁或者自己的主张，那么你就无法在压力大的情况下保持头脑清醒。如果一切都一团糟，或者任由你的父母摆布，你就无法成为强大的父母。如果无法抵御社交媒体的诱惑，让你的生活被支配，那么你将如何完成任何事情呢？如果你过于在意别人对你的看法，你怎

---

① 罗马祖训是古罗马传统的核心概念和社会准则，简单来说，就是祖辈不言而喻的生活方式和行为准则，通常表现为不成文的规定。——译者注

么能在失败后重新振作起来？如果你总是对其他人的工作进行微观管理[①]，你就无法把工作做到最好。

有一个词叫“能量吸血鬼”，用于描述那种因为缺乏界限，凭借他们的个人需要、自私、功能障碍和戏剧性吸干别人精力的人。你不仅不能成为一个能量吸血鬼，而且必须意识到这类人的存在。你必须足够强大，与他们保持距离——即使他们很漂亮、很有才华，即使他们是家人或童年的老朋友，即使他们的无助唤起了你最具同理心的部分。

众所周知，一个没有国界的国家根本就不是一个真正的国家。人也是如此。没有界限，我们就会不知所措，就会能量不足。我们如此虚弱，以至于我们曾经具有的那些特性开始消失，直到我们周围遍布了能量吸血鬼，而我们不知何去何从。

这就是我们要清理办公桌的原因，要忽略与我们无关的挑衅的原因。这就是为什么我们不会说出脑海中浮现的每一个想法，为什么必须弄清楚我们的财务状况并有效地管理我们的时间，为什么每天按时入睡和早起。

因为我们正试图以一种可以管理的方式来掌控我们的生活、我们的情绪和我们的担忧。我们正在控制它们，而不是相反。

需要了解的是，大多数从事重要工作的人都是你从未听说过的人——这就是他们想要的；大多数快乐的人不需要你知道他们有多快乐——他们根本没有想到你。每个人都在经历一些事

① 微观管理（micromanagement），指管理者透过对被管理者的密切观察及操控，使被管理者达成管理者所指定的工作。相较于一般管理者只对较小型的工作给予一般的指示，微观管理者会监控及评核每一个步骤。在实际工作中应避免过度的微观管理，把管理的重点放在那些需要改进的地方。——译者注

情，但有些人选择不把自己的问题吐槽给其他人。最强大的人是独立自主的人。他们掌控自我，把自己的事情放在应该放置的地方……只关注自己的事情。

有些人做了不好的事情还能逃脱惩罚吗？是的。他们甚至可能从中获得乐趣或者因此致富。之后呢？我们设定的边界让他们担心，我们知道他们最终会被惩罚。

正如威廉·佩恩[①]所说，那些有明确界限的人“更能活出他们自己，缴纳共同的会费，但他们统治了其他所有人”。

设定你的边界，并严格执行它们——温和而坚定的。就像你需要尊重一样去尊重别人。

在一个充满情绪化的孩子们的世界中做一名成年人。

① 威廉·佩恩（William Penn，1644—1718），北美殖民地时期的一位重要政治家、社会活动家，宾夕法尼亚殖民地的开拓者。——译者注

Do Your Best

尽力而为

前途无量的年轻军官吉米·卡特[①]正在申请海军核潜艇计划的一个职位。他在那里坐了两个多小时，与海军上将海曼·里科弗面对面。里科弗不仅在1955年凭借绝对的意志力创建了世界上第一支核海军，而且在接下来的30年里，他一直全心全力地管理它，其中包括面谈每一个会触碰他珍贵的潜艇的人。

当他们坐下来交谈时，谈话内容涵盖了从时事到海军战术、电子和物理的广泛主题。卡特为这次面试准备了数周时间，但每一个问题都让他汗流浃背；而里科弗表情严肃，逐渐提高了难度。最后，里科弗抛出一个看似不重要的问题："你在海军学院的时候班级表现如何？"

"长官，我在班级的820名学员中排名第59。"卡特自豪地说。但是，已经看到了几代美国最优秀的军事人才，里科弗对排名并没有特别的印象。"但是你尽力了吗？"他问这位年轻人。

"当然。"卡特几乎脱口而出。如果我们被问到这样的问题，

---

① 吉米·卡特（Jimmy Carter），美国政治家、社会活动家，年轻时期在军队中服役，1976年当选美国第39任总统。——译者注

我们可能也会这样。但没等他回答，内心有些什么让他停了下来。当他累的时候呢？当他对自己有些课程的成绩有足够的信心通过的时候呢？对于那些他没有思考过的问题或者他分心的时候呢？那些他觉得教授讲课有些无聊，他心不在焉的时候呢？那些他本可以做的额外阅读——关于武器系统、历史、科学、三角学，但是没有做的时候呢？那些他对早间晨练敷衍的时候呢？

“没有，长官，”他发现自己承认，“我并没有总是尽力而为。”

听到这里，里科弗起身离开，临走前问了最后一个问题：

“为什么没有呢？”

你为什么不尽力而为？这个问题会以多种形式出现，并在这个年轻人的余生中以多种方式挑战和激励他。正如：

你为什么要退缩？

你为什么做事不认真？

你为什么这么害怕去尝试？

你为什么认为这不重要？

如果你真的承诺了，你还能做些什么？

如果你没有尽力而为，你为什么要这么做呢？

从这次交流中，你可能会认为里科弗是一个冷酷无情的监工，他拒绝为失败找借口。这在一定程度上是正确的。他的严苛标准——他对自己和他雇佣的任何人都寄予厚望——不仅推动美国变成了一个全球大国，而且最终也推动了卡特成为总统。

尽管如此，在卡特的单一任期内，卡特的成功——没有对外战争、以色列和埃及之间的问题和平解决、谈判和批准《巴拿马运河条约》[1]、与中华人民共和国的外交关系实现正常化——也伴随着抗争。特别是在能源政策领域，在 1977 年的一次全国演讲中，有远见的卡特宣称能源和气候变化“在道德上等同于战争”。尽管他知道他的提议在美国民众中将不受欢迎，但他说：“我无法想象未来会发生血腥的立法斗争。”他在整个任期内与国会作战，并因在白宫安装太阳能电池板而受到嘲笑。尽管卡特很努力、很真诚，但他最终还是未能达成目标。

里科弗，这个冷酷无情的监工，仍然充满着自豪感。

“毫无疑问，公众最终会理解，他将被视为一个试图保护美国人民并且富有远见的人，”他谈到卡特在能源方面的努力时说，“只要一个人尽其所能地去做他认为正确的事，他就是成功的，不管结果如何。”

这正是尽力而为的美妙之处。它稍微地将你与结果和自我隔离开。你并不是不关心结果，而是你有一张王牌。你不会被成功冲昏头脑，因为你知道你有能力做得更多。你的失败不会摧毁你，因为你确信没有什么可以做的了。

你总是可以掌控自己是否尽力而为，没有人能阻止你这样做。

你不必在班上名列第一，不必每次、每件事都赢。事实上，失败并不是特别重要。

重要的是你付出了一切，因为稍微的懈怠就等同泯灭你的天赋。

---

① 《巴拿马运河条约》，又称《托里霍斯－卡特条约》，是巴拿马军政府领导人奥马尔·托里霍斯·赫雷拉与美国总统吉米·卡特于 1977 年 9 月签订的关于巴拿马运河主权过渡的条约，以取代原 1903 年签订的旧条约。——译者注

你的潜力的天赋

机会的天赋

被赋予的手艺天赋

被赋予责任重托的天赋

指导他人和管理时间的天赋

生命本身的天赋

当拉尔夫·埃利森还是塔斯基吉大学的一名学生时，他的钢琴老师黑兹尔·哈里森不仅赋予了他管理时间和精力的能力，而且教会了他思考作为表演者和才华横溢的人履行义务的方式。她告诉他："你一定要尽力而为，即使只是在 Chehaw 车站的候车室里。因为在这个国家，总会有一个小个子男人藏在壁炉后面……（谁知道）无论是音乐还是传统，无论你打算表演什么，都需要具备基本的音乐素养。"

契霍车站是校园外的火车站。壁炉后面的小个子男人？这成了指导埃利森的艺术良知，就像里科弗的标准在卡特心中徘徊一样，就像约翰·伍登的格言一样，在给球员们上的第一堂课就传授球员们穿袜子的基础知识：

"你尽力就够了。"

不是完美，是尽力而为。

剩下的交给记分牌、裁判、老天、命运和评论家们。

Beyond the Temperament ...

超越气质……

能用头脑和身体竞争的人很少会位居第二。

——皮特·卡里尔[①]

如果聪明、卓越、成功或者强大，那就再好不过了，这是一张免费通行证。事实显然不是这样。

事实上，我们发现，因为我们的才能、资源和责任，我们必须更多地掌控自己，必须有意识地、体贴地、不断地检查、审视自我以及我们的冲动。

我们必须遵循这一古老的格言来了解自己的身心，并且遵循第二个同样古老的格言：过犹不及。

我们努力工作，努力思考，坚持高标准。如果我们能一贯如此，我们将感到快乐并富有成效地工作。即使我们遭遇罕见的失败情形，我们也会不为之所累。这不仅是因为我们深知我们已经尽力了，还因为我们有力量和品性来承受旅途中的挫折。我们将有决心和保持身心平衡，站起来继续前进。

① 皮特·卡里尔（Pete Carril），篮球教练，被誉为“普林斯顿”进攻体系的创始人，1997年入选奈史密斯篮球名人纪念堂。——译者注

如果我们不这样做？如果我们需求过度，不遵守我们的标准，那又会怎样？伟大的爱比克泰德告诉我们：如果我们粗心、懒惰、马虎和软弱，如果我们停止关注自己的进步，那么我们将停止进步，将和其他人一样平凡地、失望地生活和死去。

事实不仅如此。谈到阿尔西比亚德斯——苏格拉底曾经非常有前途和忠诚的学生，普鲁塔克不仅给我们，也向依赖我们的人展示了依赖不节制的代价：他缺乏自律和鲁莽无礼的生活方式毁了他，由于他的奢侈和无法无天，他剥夺了这座城市的一切利益。

自律不仅是我们的命运，更是我们的义务。

为了我们的潜力
为了我们的国家
为了我们的事业
为了我们的家人
为了我们人类同胞
为了那些敬仰我们的人
为了那些追随我们的人

因为很快你就会接受真正的考验——以超越以往的方式，你需要在旅程中不断地抵御压力并坚持追寻最佳的自我。生活将需要更伟大的东西，一些更接近英雄的东西。

你的身体、你的思想、你的精神必须都保持一致，这样你可能会发现你比自己想象的更有能力。你也被要求给予，比你以前不得不给予（或放弃）的还要多。

第三章

大师级的（心灵）

当我们掌控自我时，我们拥有君王的责任，

而不是臣民的责任。

——西奥多·罗斯福

在这个世界上，找到一个对自己的身体有控制能力的人并不难。在追求不同职业的过程中能够控制自己的思想和精神的优秀人才也不少见。然而一个人在严格控制自己身心的同时，也能够在所谓的舞台上——在公共生活中做到这一点，成为一个行动者，一个对社会有贡献的人，这是非常罕见的。当然，在寺院和山间修行的地方随处可见这种节制和克制，不过这不是我们所追求的。在纷繁复杂的现实生活中，你能保持内心的平静和平衡吗？当你被诱惑所包围的时候？当人群在欢呼或者嘲笑的时候？不管什么是可以被容忍的，不管你可以逃避什么，不管人们认为什么是可能的？我们称这种稀有而超凡的境界为“至高无上”——掌控自己，身心在各种形式下始终保持控制，并且以某种方式找到超越这一点的档位，找到更多可以给予、从自己身上汲取的东西。这就是我们所追求的伟大，这就是在压力大的生活下，当事情不如我们所愿的时候，当我们在命运转折或遭遇巨大困难的时刻，当我们为之牺牲的时候，当我们证明自己的时候，当我们有可能拥有世界而依旧保留我们的灵魂的时候，保持身体、心灵和精神的融合统一。

Elevating Yourself ...

提升自我……

25年来，安东尼一直奋战在罗马政治的顶级阶层，现在，终于在经历了旷日持久的致命疾病的阵痛中，哈德良皇帝准备授予他所应得的“皇冠”。

哈德良在谈到这位广受爱戴的领袖时说：“安东尼·奥勒留，我发现你可以成为一位君主，高贵、温和、顺从、明智，年轻时不任性妄为，年老时也不粗心大意。”

除了这是一个残酷的把戏。

尽管安东尼作为财务官、执政官、领事和参议员的工作无可挑剔，尽管他拥有完美的性格和无可挑剔的成绩，并以前所未有的方式为掌权做好了准备，但哈德良和命运另有安排。尽管哈德良对安东尼评价很高，但他相信罗马真正的未来依赖于另一个人，特别是一个名叫马可的男孩。安东尼只是他的占位者——一个荒谬的大材小用的王座守护者。

君主制的真实历史与现代伊丽莎白女王的象征性和祖母式统治完全不同。古代世界是残酷和暴力的。毫无疑问，一旦登上王位，安东尼会巩固权力，保护自己，并确保留下经得起时间考验的遗产。他会证明自己被低估了，会追寻他的野心和他所渴望的东西。

但是，这一次，没有。

尽管如此，在大约 23 年的统治期间，在为培养一个男孩接替他做这份不可思议的、吃力不讨好的准备工作的过程中，安东尼堪称节制方面的大师。他不仅是一个平衡和体面的人，更是一个平衡和体面的庞大帝国的元首，数百万臣民将他尊为无所不能的神王！

他从来没有把自己放在第一位，从来没有偏爱自己家人的利益。他从不抱怨或者策划阴谋，总是安静地做着一份至少在开始的时候看起来完全不公平、吃力不讨好的工作。古代历史学家指出，在安东尼的统治期间，他从未让他的国家因为外交或内乱而导致一滴鲜血的流失。他这种对国家、对事业、对所爱之人的温柔和奉献为他赢得了一个尊称，虽然不像亚历山大大帝的那样光荣，也不像征服者威廉那样的令人敬畏，但这更加伟大：安东尼·庇护。

作为一个由大约七八千万人口和大约 350 万平方英里国土面积组成的帝国的元首，安东尼·庇护在各种诱惑和压力下，以这种奉献程度追求节制是一件非常神圣的事情。

伊丽莎白女王在加冕仪式上的一切，罗马皇帝都实际拥有。皇帝有权通过并执行法律，有权审查法律案件。他坐拥世界上最无情的战争机器，他有权发动战争。他有权在一周中增加或减少天数，完全控制罗马历法。作为大祭司，他还有权改写罗马宗教的教义。

我们知道大多数皇帝都用这种权力做了些什么。书卷、典籍、图书馆里充斥着他们的恶行和暴行。

为什么安东尼没有像其他罗马统治者那么“出名”呢？

这就是节制具有讽刺意义的一面。节制使我们变得更加伟大，但同时越节制就越不可能因为这种伟大得到认可。众所周知，安东尼不仅对表面的荣誉漠不关心，也努力地回避着它们。在他的统治末期，元老院为了表示对他的爱戴，提议以安东尼和他妻子的名字重新命名九月和十月，但他立即拒绝了。大约两千年后，七月和八月仍然以尤利乌斯·恺撒和奥古斯都·恺撒的名字命名。安东尼因为他的谦逊，并没有得到这样不朽的名声。

如果有什么不同，那就是安东尼成了自己成功的“牺牲品”。根据 19 世纪法国学者勒南的说法：“如果安东尼没有指定一个在善良和谦虚方面与他同等的人作为继任者——一个具备这些光辉品质的人，他会在人类记忆中留下有才能、有魅力的形象。”安东尼没有试图暗杀对手，而是全力以赴地将他的继任者马可·奥勒留培养成一个伟人——他的名声最终超过了安东尼，最终安东尼把自己推入了历史的注脚。

自律这个词在拉丁语中的词根是 discipulus 或 pupil（均为“学生”之意）。它意味着学生的存在，也表示着老师的存在。这就是安东尼和马可·奥勒留之间关系的美妙之处。一个人，抛开他自己的利益，以自制力和善良成为一名导师和顾问。另一个则愿意学习，谦卑地成为一位如此自律和善良的老师的弟子，以至于他在死后会被神化。

他们对不寻常的遭遇做出的反应使他们凝聚在一起，他们都别无选择，而且几乎所有历史都预示着这种情况最终会以灾难告终。而他们共同达到了一种超出想象的伟大，一种只会出现在故事书和寓言里的那种伟大，而不是用来装饰残酷的权力大厅的那种“伟大”。

安东尼到底教了马可什么？

让我们从身体开始。

安东尼确实很坚韧。他给这个年轻人留下深刻印象的是，他能够“在一次头痛发作后，马上回到他正在做的事情上——状态很好，表现得很出色”。安东尼将自己照顾得很好，不仅因为健康非常重要，还因为拥有健康可以使他更好地管理帝国的事务。马可在谈到他父亲的健康理念时写道：“他没有疑病症[①]，不痴迷于自己的外表，但也不会忽视任何事情。这样做的好处是他几乎不需要医疗护理、药物或任何药膏或软膏。”安东尼向马可表明，一个有权有势、富有的人完全有可能在没有保镖的情况下生活，不需要装腔作势和自命不凡。马可观察到，他的养父以几乎与普通人一样的方式行事，但从不表现出“统治者或履行官方职责时懒散或粗心”的形象。

如果需要完成某项任务，安东尼会全力以赴地去做，大多数时候从黎明工作到黄昏。马可甚至注意到安东尼的这些细节：保持简单的饮食和充足的水分，并安排好他的沐浴休息时间，这样他就不会在不合时宜的时候突然被叫去处理国事。对安东尼来说，这些都不是小事，而是有象征意义的重要事情。随着年龄的增长，他开始弯腰驼背，而为了保持姿势挺直，他开始在衣服里放一些椴木薄片。他不仅在德行上保持正直，也确保在形象上保持挺直。

---

① 疑病症又称疑病性神经症，主要是指对自身感觉或者出现的一些身体状况做出不切实际的病态解释，致使整个身心被由此产生的疑虑、烦恼和恐惧所占据的一种神经症。——译者注

不过，我们不应该把这种严格的规定误认为是一种不愉快的生活。

相反，马可谈到安东尼时说：“他既有能力避免大多数人无力反抗的事情，也能够享受大多数人乐于享受的事情。”马可将他保持这种困难平衡的能力比作苏格拉底——苏格拉底非常节俭，但也是出了名的有趣。马可在《沉思录》中写道，他“意志力非凡，有能力在一种情况下坚持不懈，在另一种情况下保持清醒”。生活赋予了安东尼丰富的物质享受，他接受和利用，不傲慢也不依赖。马可指出：“如果它们在那里，他会利用。如果没有，他也不会想念。”

至于他的气质和品格呢？

安东尼再一次成为典范。他教会马可“一旦做出决定就要坚定不移地坚持”，这意味着“在他确定自己已经彻底审视并完全理解它们之前”绝不轻易放手。安东尼最引人注目的地方在于“他在会议上对问题的探索……全神贯注，几乎从不陷入第一印象，从不过早地中断讨论”。他知道“什么时候该推进，什么时候该后退”，如何选择那条最危险、最微妙的道路。无论他在处理什么问题，他都会“以逻辑应对并充分考虑，以冷静有序的方式，果断而不松懈”。他聚焦话题，不会分心。尽管他可能会沉迷于其中，但他不会偏离话题，也不会发表令人厌烦的长篇大论。如果他搞砸了，他会承认自己的错误——既不推卸责任，也不怕被责备。

任何领导者，无论多么优秀，都不可能避免被批评。安东尼收到了很多批评，其中大部分是不公正和没有根据的，但他拒绝以狭隘来回报狭隘。他不理会告密者和流言蜚语。他接受被质疑，因为这会让他变得更好，即使这意味着他要承认错误。与流放才华横溢的诗人的尼禄不同，他很高兴看到自己的想法得到改进。尽管安东尼很有才华和权威，但他还是毫不犹豫地将舞台让给专家并听从他们的建议——拥有无限权力的人很少会具备这种能力，而能够保持这种能力和费心培养这种能力的人就更少了。

几乎看不到安东尼在工作中心烦意乱，和朋友们一起的时候也没有过。根据马可的说法，没有人看到他精疲力竭。尽管工作压力很大，但"他从未表现出粗鲁、对自己失去控制或变得暴躁"。如果说这种赞美似乎很无力，那么值得注意的是哈德良皇帝曾经因为一位秘书犯了错误而用笔刺伤了他的眼睛。

阿谀奉承对安东尼毫无用处，但他尽力让他人安心。当他拜访朋友时，他会放下皇帝的架子，像一个普通人那样与他们相处，不希望被区别对待。一位朋友在安东尼对装饰品发表了一些看法后，还取笑安东尼，告诉这个拥有生杀予夺权力的帝王："当你进入另一个人的家时，你应该装聋作哑。"

他会笑，也接受被嘲笑。他认真对待这份工作，但从不自以为是。借用马可的话，他是一个具备"庄严却没有架子"的完美组合的人。

尽管哈德良曾经进行了漫长的国事巡游，走遍了帝国的各个省份，但安东尼拒绝这样做。在登基之前，他曾担任意大利和亚洲的总督，他明白这些巡游对接待人员来说是一个巨大的负担。不管他多么谦卑和低调，他知道一个君主的随行车队都是一种压迫。如果可以避免，他试图不给任何人带来这种压迫。

正是这种身体上和精神上的自律汇集在安东尼身上，使他成为一个富有同情心、有节制且坚定不移的人，他首先掌控自己。命运可能并没有完全如安东尼所希望的那样发展，但他设法将其转化为一些回想起来他什么都不想交换的东西。在他统治着罗马的这 23 年中，社会稳定，他与马可建立了深厚的感情，他不仅看着罗马繁荣昌盛，还将它交给同样有能力和节制的马可手中。

如果名声不是对他的奖赏，他作为政治人物仍然赢得了最终的胜利——清白地结束了他的职业生涯，正如马可·奥勒留最钦佩的那样，他问心无愧。

公元 161 年，安东尼走到了生命的尽头。据说，他表现出了“成圣般的平静”，准备好了面对死亡。他整理好最后的事务，在把指挥权移交给他的养子之前，他说出了最后一句话——一条建议，一个他一生的浓缩，一个属于我们每个人的目标——平静无波的心境。

平静。

现在轮到马可戴上王冠，不辜负安东尼为他树立的榜样。

平静将是一个完美的口号。

你去看看美国总统当选前后的照片，非常明显：国家元首的位置对一个人来说很沉重。戴在头上的王冠很重，王冠下面的头发是灰白的。巨大的责任除了会压垮领导者，还会持续不断地碾压着他们。说“弱者不胜任”很容易，但他们在这个过程中经常会伤害到自己和他们应该服务的人。

命运赐予了安东尼多年的和平与稳定。马可·奥勒留就没有那么幸运了。他将面临历史性的洪水、野蛮人的入侵和造成数百万人死亡的毁灭性瘟疫，一个亲密的朋友会背叛并试图杀死他。罗马的衰退和没落降临到他的身上……这不是他的错，但这是他的责任，是他每天的噩梦。

想象一下这其中的恐惧、沮丧和巨大的压力。生命危在旦夕。他自己的家人也处于危险之中。没有什么能让一个人为这么多的困境做好准备。每天都有新的危机、新的问题，使他本已稀薄的资源变得更稀缺。如果历代皇帝们遭遇如此的恐惧和愤怒，罗马的街道一定会血流成河。

马可不会这样。他坚定不移地化险为夷，不仅不会就原则妥协，还会持续地将原则展示给大家看。他通过言行让罗马人民知道，他的节制和克制不是嘴上说说的，而是深入骨髓的。

一个普通人，一个职位低（可悲的是，更典型）的领导者可能会哀叹这一系列的悲剧。但马可不会这样。这种事情发生在他身上并不见得是件坏事，这有可能是一个机会。“行动之阻推动行动，”他对自己写道，“道路之阻铺就大道。”所有的逆境，所有的困难——以及可怕的权力和奢侈——都是他证明自己的机会。为了显示他真的从安东尼那里学到了很多，他不仅相信节制，而且也信奉节制。

当提比略[①]在公元 14 年成为皇帝时，他将自己安置在卡普里岛上的一座娱乐宫殿里。尼禄在摆脱了母亲的影响之后，沉迷于他的里拉琴[②]，并自称罗马最有才华的艺术家，不顾国事尽情放纵自我。从这些警示性故事中，马可发现“我们如此热切地想要的东西是多么微不足道。更有哲学意义的做法是施展我们被赋予的

① 提比略（Tiberius，前 42—37），罗马帝国第二任皇帝。——译者注

② 里拉琴（Lyre），又译为莱雅琴，亦称诗琴，与诗歌（lyric）同源，是西方最早的拨弦乐器，也是文艺复兴以来西方音乐的象征。弹奏里拉琴是古希腊时期学生学习音乐和诗歌的重要方式。——译者注

才能，表现出正直、自制，而不是创造更多的需求”。

这正是他所做的，虽然并非没有一丝的自我怀疑。

据说，当马可·奥勒留被告知他将成为国王时，他哭了——他知道自己的历史，从更好的生活中脱颖而出对于许多人而言并不是一件幸事。这将是一项艰巨的工作——不只是当一个皇帝，而是做一个好皇帝，不被王冠腐蚀或毁灭。

他一定有过想做任何其他事情的时候，他宁愿选择他的书和他的哲学，而不是命运为他选择的重担。他的一位导师写信给他：“即使你获得了克里安西斯或芝诺的智慧，你也必须违背你的意愿穿上紫色斗篷，而不是哲学家的羊毛斗篷。”

他能做到吗？他能始终保持荣耀和尊严，不被它玷污吗？看到像卡利古拉[①]、韦斯巴芗、克劳狄乌斯[②]那样突破底线作恶的皇帝，他就感到恶心。

有一天晚上，他梦见自己的肩膀是用象牙做的。是的，他足够强壮，不会被工作所压垮。他能做到，他也会这样做的，而不会像他们那样。他会把这份工作当作画布，完成一幅杰作。

据说“仆从目中无英雄”，而马可比贴身男仆更接近安东尼，他 20 多年来见识过安东尼最好和最坏的一面，他仍然崇拜他。他的其他导师、他对斯多葛学派的研究和他的顾问，都在马可的最终成功中发挥了作用。但正如勒南所写的那样：“马可有一位大师，他优于所有这些从全球各个角落挑选出来的大师，马可更为尊崇他。他就是安东尼。正是因为马可身边有一个完美生活的

---

① 卡利古拉（Caligula，12—41），罗马帝国第三任皇帝。——译者注

② 克劳狄乌斯（Claudius，前 10—54），常译作克劳狄，或模仿后来欧洲君主习惯冠以数字的克劳狄一世。他是罗马帝国朱里亚·克劳狄王朝的第四任皇帝。——译者注

最佳典范，这个他理解和喜爱的人，他才成为现在的样子。”

安东尼是个英雄。他赢得了这种崇拜，不是因为战场上的某个勇敢时刻，而是因为他日复一日恪守的非同寻常的自律。马可观察、目睹并深受启发，并决定终身遵守这种自律。

这就是自律……如同勇气一样，它具有传染性。

马可从安东尼那里学到了它，这成就了他自己，成就了他的事业。这是多么的不可思议。

当马可加冕时，当安东尼将这非凡的权力传递给他时，他面临的考验与他心爱的典范所面临的考验没有什么不同。因为在哈德良奇怪的继任计划里，马可还继承了一个角色不确定的兄弟——卢修斯·维鲁斯。这个皇帝应该如何对付这个潜在的对手？

一位古代斯多葛学派大师曾警告先帝要流放任何其他男性继承人，并告诫说“不能有太多的恺撒”。马可想了又想，想出了一个历史上无与伦比的解决方案，一个慷慨又无私的解决方案。从字面上看，这是与“绝对权力导致绝对腐败”的格言相矛盾的：他让卢修斯·维鲁斯与他共同统治帝国，赋予绝对的权力……他做的第一件事就是捐出一半的权力。

马可和卢修斯·维鲁斯截然不同。卢修斯·维鲁斯对自己的要求没有那么严格。他从未读过一本哲学书。马可会认为自己更优越吗？从他的《沉思录》中，我们看到他表达的只是感激：“我所拥有的那个兄弟，他的性格激励我提升自己。他的爱和感情丰富了我的生活”。

据说，马可的真正威严在于他的苛刻只针对他自己。他并没有“期待柏拉图般的共和国”。人就是人，他明白人非完人。他找到了一种与有缺陷的人共事的方法，让他们为帝国的利益服务。他为他们寻找他所推崇的美德，并接受他们的恶习，他知道这些恶习不在他的控制范围。

“没有什么东西是真正属于我们自己的，”马可在谈到他家族所谓的财富时对参议院说，“甚至我们住的房子也应属于你们。”在他向参议院直接下达的命令中，有一条是他要求对一些企图发动政变的政敌施以仁慈。

马可·奥勒留的大部分命令都是针对他自己的。翻译家罗宾·沃特菲尔德注意到，在《沉思录》的 488 条规则中，有 300 条是马可给自己制定的规则。他起得很早，他写日记，他让自己保持活跃。他的身体并不好，但他从不抱怨，从不以此为借口，除非绝对必要，他从不让身体不好拖慢他的脚步。尽管他拥有财富和权力，但他过着谦逊的生活——保持着富足与克制的艰难平衡，他在位的大部分时间不是在华丽的大理石宫殿里度过的，而是在前线士兵的简易帐篷里度过的。

当他做不到或搞砸了的时候呢？他会努力振作起来，然后重新开始。即使非常困难，他也总是尽力而为。

随着安东尼瘟疫①的日益严重，罗马国库日渐枯竭，马可在皇宫的草坪上举行了为期两个月的拍卖会，卖掉了他的珠宝和艺术收藏品、他妻子的丝绸以及其他非生存必需品。他还有其他方法可以解决帝国的财政问题吗？当然。他本可以提高税收，本可以掠夺各省，本可以依靠“训令”——夺取罗马寡头的庄园和财

① 安东尼瘟疫，是指在公元 2 世纪中后期袭击了马可·奥勒留统治下的罗马帝国的持续性瘟疫事件。——译者注

产。他也本可以把问题搁置，留给他的继任者进行解决。在他之前和之后的几乎每一位皇帝都会采取这些简单的方法，从来不会三思而后行。

马可反而经受住了打击。

这就是伟大的领导者所做的：他们做正确的事，即使是在付出代价的时候。

当他受到批评时，他只是耸了耸肩。他没有时间去谄媚或诽谤。像安东尼一样，当他被证明是不正确时，他会承认错误并改变主意。他在这种忙碌而无休止的生活中找到了宁静，甚至设法在远离图书馆的帐篷里的小床上学习哲学。他聚焦当下努力工作，“像罗马人一样全神贯注”，提炼思想，排除干扰，用他从英雄那里学到的柔情和坚韧去做眼前的事情。不管是什么，他都会尽最大的努力——无论他会因此受到赞扬还是鄙视。

当有人做了错事或说了一些不真实的话时，他会提醒自己“不必把它太当回事”。当他对某事有欲望时，他会让自己停下来，在这些欲望燃尽自己之前将其冷却，以免做出让他自己后悔的事情。他试图做出更好的选择，试图寻找人们最好的一面，试图设身处地为他们着想，试图通过服务来领导他们。马可的一生不仅不需要向任何人寻求帮助，而且在任何时候如果任何人向他索要一些东西——金钱、建议、帮助——他都会慷慨解囊。

在富足与阴谋之中，马可始终如一并坚守这个美丽的座右铭：“无拘无束的节制。”

成为国王是一回事，成为哲学家国王是另一回事，而成为一个优秀的哲学家国王则是完全不同的事。做一个有王者风范的人，不受头衔的影响，被赋予权利，对无关紧要的事情漠不关心，独立自主，自我激励，全身心投入，在正确的时间以正确的方式敲出每一个正确的音符。马可·奥勒留所培养的那种性格让他的地位显赫，而不是他的地位带给他荣誉。

在一个追求从众的世界中保持自我需要勇气，在一个过度的世界中约束自己同样需要勇气和节制。在这样的世界里，我们攻击和嘲笑那些不沉迷于我们已经合理化的享乐和已经自圆其说的激情的人。

他会时不时地发脾气吗？当然会。几乎没有领导人会宣称自己从不发脾气。然而，没有任何古代历史学家有证据表明马可曾经报复心强、心胸狭窄、残暴或者失控。他在统治期间没有丑闻，没有可耻的行为，没有腐败。这样的标准是不是有些低？当你纵观历史，将他与他的某些前任和继任者们种种令人作呕和残酷的罪行和灾难清单进行比较时，你会发现似乎世界上很难找到一个位居权重还能保持诚实正派的人。

尽管马可品格端正，但他知道品格是需要不断锤炼、不断提高的。他明白：我们停止努力变得更好的那一刻，就是我们开始逐渐变得更糟的那一刻。在安东尼逝世后，马可保持着毕生的哲学研究，即使年老，他也谦卑地拿起书本学习不辍。他绝对不想停止学习，绝对不想停止变得更好。

他追求的是什么？什么是他终生奋斗的目标？

当然，这是一个不可能实现的理想，但他一生的工作是朝着一个地方前进，那就是“永远不会被快乐或痛苦所左右，采取目标明确的行动，远离不诚实或者伪装，永远不依赖其他人的所作所为”。或者，正如他在其他地方描述的那样：“依靠自己，对命运的骰子滚动具有毋庸置疑的免疫力。”

这样很好，不是吗？

从某种意义上说，这就是节制：自给自足，目标明确，头脑清醒，拥有力量。只有一种方法可以实现，但不是通过顿悟。

谈到她已故的丈夫罗杰斯先生，乔安妮·罗杰斯说："如果你们把他塑造成圣人，人们可能不知道他有多么努力。"安东尼和马可·奥勒留并不是过去尘封的古老寓言，也不是印在历史书上的二维人物图像。他们是人类，而且并不完美。但如果他们是完美的，就不会带给我们希望。

我们喜欢他们，是因为他们努力尝试过，他们在失败中不断修正自我，在胜利中保持谦卑，努力工作并取得了成果。他们为我们开辟了道路。正如安东尼活生生的榜样和充满爱心的教导帮助塑造了马可·奥勒留一样，安东尼和马可·奥勒留的生活和教训也可以塑造我们。

我们不必将我们的名字添加到成功经常写的悲伤故事和警示性故事的列表中。通过自律，我们可以找到自己的命运：进入意识的更高层次、存在并保持卓越。

安东尼找到了它，他开辟的道路为马可指明了方向。

我们会追随他们的脚步吗？会钦佩这些英雄吗？还是我们会步入尼禄的后尘？

这是我们现在必须问自己的问题。

Tolerant with Others. Strict with Yourself.

严以律己，宽以待人

小加图和他的曾祖父一样严格。他对财富漠不关心。他穿着普通，赤足光头地在罗马四处走动。在军队里，他和他的部队一起睡在地上。他从不撒谎，对自己从不宽容。

这已经成为罗马的一种表达方式：我们不可能都成为加图。

没有人能比加图自己的兄弟卡皮奥更能证明加图的标准是多么难做到。卡皮奥喜欢奢华，喜欢香水，结交了加图从未允许自己接触的朋友。然而，加图在保持节制的同时也足够谦逊，他记得这就是被称为自律的原因。

虽然我们以最高的标准要求自己，并希望我们的良好行为具有感染力，但我们不能指望其他人都像我们一样。这不公平，也不可能。

也许这就是加图的曾祖父制定的一条规则，尽管他们兄弟二人的生活方式不同，但加图仍能爱护并支持他的兄弟。老加图说："我准备原谅每个人的错误，除了我自己的。"几代人之后，本·富兰克林提出了一条更好的规则："探索别人身上的美德，寻找自己身上的恶习。"或者正如马可·奥勒留所说：对他人宽容，对自己严格。

你唯一可以真正严厉对待的人就是你自己。要做到这一点，你需要倾尽所有的自制力——不是因为对自己严厉很难，而是因为你很难让别人对你永远不允许自己做的事情置之不理。让他们做你明知道对他们不利的事情，让他们懈怠，而你却看到他们身上还有更多的潜力。

但你必须这样做，因为他们的生活不在你的掌控之中。

因为如果你将自己的精力耗尽，就无法在你的世界好好生活。

相信他们的尝试，理解他们的处境。原谅，忘记。如果他们愿意接受帮助，就帮助他们变得更好。

并非每个人都像你一样接受过培训，并非每个人都拥有你所具备的知识、意志力或决心，也并非每个人都选择了像你这样的生活方式！

这就是为什么你需要宽容，甚至对他人慷慨。其他任何事情都是不公平的。那样做也会适得其反。

1996 年，新泽西篮网队试图选中一个年轻的未来超级明星科比·布莱恩特。在一次现场试训后，球队不得不将他送上飞往西海岸的飞机。这个当时拥有精简高效文化的球队，为他预定了一个经济舱的中间座位，历经六小时横贯美国的航班。科比不会忘记这件事。一次小气的举动让篮网队失去了争取历史上最伟大篮球运动员之一的机会。

可悲的是，科比本人的整个职业生涯都在为类似的问题而困扰。他是篮球场上最严格、最敬业的球员之一，但他无法接受他的队友"不可能都成为科比"。事实上，他们中的许多人并不想成为科比。当他试图像驱使自己一样驱使他们时，他经常把他们逼得筋疲力尽，或者在其他情况下，就像沙奎尔·奥尼尔一样，把他们逼走，剥夺了他身边一群才华横溢的支持者，而他们原本可以为他至少赢得另一枚或两枚总冠军戒指。

我们之前谈过要保持冷静。几乎可以肯定的是，成功人士或有才华的人发怒的首要原因是其他人没有达到他们的标准。为什么其他人不能把这么简单的事情做对呢？为什么他们不能像我们最初示范的那样做呢？为什么他们不能像我们一样？

因为他们不是我们！

即使他们是这样，期望他们去做一些他们从未承诺过的事情，这样公平吗？

甘地的朋友们特别欣赏他对待其他人的优雅，即他不会评判其他人的选择，也不会对他们不那么严格的生活评头论足。[①]"你认为仅仅因为你有美德，"莎士比亚的《第十二夜》中的托比爵士问道，"就不应该再有蛋糕和啤酒了吗？"让他们尽情享受，让他们随心所欲地生活和工作。你已经为自己的命运操心得够多了，你无须试图改变其他人。

做一个强大的、鼓舞人心的榜样，这就足够了……即便如此，也要试着保持同理心。在海湾战争前夕，科林·鲍威尔[②]睡在办公室里，这件事对他的下属完全保密。因为重担落在了他的肩上，而不是其他人，他不希望他们觉得自己也必须这样尝试——即使他们可以这样做——以自己的牺牲来匹配他的牺牲。

林肯的一位秘书惊叹于总统"从不要求任何人完美，他甚至不会要求别人执行他为自己设定的高标准"。

虽然良好的自律具有传染性，但我们也可以强大到足以接受

---

① 唯一让他太苛刻的人是他的孩子们。

② 科林·鲍威尔（Colin Powell，1937—2021），美国第65任国务卿。他是美国历史上首位任职美国国务卿的非裔美国人。——译者注

我们是唯一必须忍受这种严峻考验的人。

自律就是我们的命运。马可·奥勒留从安东尼那里学到，仅仅试图摆脱我们自己的错误就足以让我们忙碌一生。我们并非那么完美，以至于我们可以花很多时间去质疑别人的勇气，挑剔别人的习惯，试图推动别人发挥潜力，而不是关注我们自己还有很长的路要走。

理解这一点会让我们不再那么苛刻，对别人多点理解。

伊丽莎白女王和她的丈夫菲利普在对待他们的孩子和兄弟姐妹时都很难做到这一点。两人对自己都非常严格，都信奉责任——以至于他们的孩子可能对此不能接受。最好是效仿加图和马可·奥勒留的方式。加图并没有凌驾于他的兄弟之上，他爱护他。与卢修斯·维鲁斯在一起时，马可从不批评他，而在他身上找到了值得爱和欣赏的东西——那些马可自己不具备的东西。卢修斯·维鲁斯的弱点呢？马可用他的恶习来提升自己。两人在彼此的生活中变得更好，因为他们的共同点和相互之间的感情而变得富足。

这将到达更高的层面：当我们的自律得到了同情、善良、理解和爱的补充的时候。

节制的结果不应该是孤独和孤立，那的确会有些苦涩。优越感不是你用来对付他人的武器。事实上，对于这种不节制有一个词可以描述：自负。

其他人可能会选择不同的生活方式。他们可能会因为不安全感或无知而攻击我们的选择，可能会因为我们认为可憎的或缺乏自律的事情而得到奖赏。那又怎样呢？这是他们要处理的事情，我们应该忽略它。

我们现在的旅程是一条自我实现之路。我们把别人的错误留给犯错的人，不试图让每个人都和我们一样。想象一下，如果只有我们才能成功，世界会很无聊，人们也无法从中有所收获！

我们在这方面做得越好，我们就应该变得越友善，越能接受其他的方式。

我们正踏上自己的旅程，是的，这是一个严格而艰难的旅程。

我们也应该明白，其他人也都走在他们自己的道路上，尽他们所能，充分利用他们的优势。

我们不该指手画脚，而应该为他们加油并接受他们的方式。

Make Others Better

让别人变得更好

伊丽莎白女王的父亲乔治六世和安东尼一样，并不是因为伟大而被选中。他成为国王只是偶然的——他的兄弟因为一时冲动而退位。然而，他对历史的影响是巨大的。这不仅是因为他与丘吉尔一起带领着英国经历了一场可怕的战争，还因为他对他周围人产生的影响。

在战胜口吃的过程中，乔治六世激励了一代又一代为此遭遇挣扎的年轻人。通过更为常见的方式——父母能做到的方式——通过他的女儿获得了不朽和持久的影响。虽然他的权力受到宪法的限制，虽然在他 56 岁的时候癌症将他击倒，但他为年轻的伊丽莎白树立了榜样，不仅在他生前，也在他逝世后的每一天。伊丽莎白时常会问自己：“如果是我父亲，他会怎么做？”

小加图也是如此，他所做的一切，他努力成为的一切，都是为了不辜负这个榜样，为了纪念他的曾祖父，那个他从未见过的严格而朴素的斯多葛主义者。那些将加图视为英雄的一代又一代人也是如此。

在加图死后大约 100 年，塞涅卡建议我们都“选择一个自己的加图”，一个用来衡量自己的标尺，一个能够激发我们潜能的典范。当尼禄的暴徒来杀害塞涅卡时，他在生命的最后时刻从加图身上获取了力量。大约1700年之后，乔治·华盛顿以加图为自己一生的榜样，他从这位英雄口中选择了他著名的口头禅。

这两个人从未见过加图，但加图让他们变得更坚强，他的自律使他们挺直了脊梁。

加图和乔治六世对自己都非常严格，他们实际上还产生了一种许多对追随者严格要求的领导者未能达到的效果：他们使得其他人变得更好。

要达成你的使命需要这样的英雄。但要真正实现它，你需要让自己成为这样的英雄——以一种可以感召他人实现他们命运的方式生活。

这不就是安东尼如此伟大的原因吗？他的榜样、信念和虔诚对他自己很有帮助。这原本就已经很好了，同时这也影响和塑造了马可·奥勒留。安东尼不必对这位年轻的掌权者严格，他的严格就像他所有其他的美德一样具有感染力。

正如朗费罗所写的那样，弗洛伦斯·南丁格尔以及所有真正自律和优秀的人，“通过他们的充盈/把我们从低处中举起”。想想二战时期的丘吉尔——他的勇气、自制力和在压力下的沉着冷静，帮助他的国家找到了未来的方向。

这就是伟大的领导者所做的：他们让人们变得更好，他们帮助人们成为他们自己。

正如《薄伽梵歌》中所写的那样：“伟人走过的道路引领着世界。”

自律者不斥责。他们不渴求任何东西，而只是做他们的工作。也许势单力薄，但是他们依靠自己的行动，不会因此感到羞愧。因为有他们的存在，我们更需加紧努力、大步向前、深入研究，因为他们已经证明这是可行的。

塞涅卡写道："能够让别人变得更好的人是幸福的，不仅是在有他们陪伴的时候，甚至当他们出现在其他人的思想中的时候。"塞涅卡不仅谈到了加图，还谈到了其他所有激励他的男人和女人们。

这就是自律的力量。它让你变得更好……然后因为它对你周围的世界产生了积极的影响，所以你变得越来越好。

我们也大可不必都成为加图——再次强调，这个表达意味着我们做不到。

但我们可以成为社区的积极力量。我们可以向我们的孩子、邻居、同事、员工展示什么是好的选择。我们每天的工作就是对承诺最好的展示。我们可以展示抵制挑衅或诱惑意味着什么，可以展示如何忍受、如何保持耐心。

他们现在也许会有所感激，也许会有所怨恨。我们也许会被赞扬，也许会被憎恨。我们都无法掌控。

我们能决定的是做好我们自己，做正确的事情，征服我们自己。我们不能强迫其他人也这样做。但我们可以播种。我们可以安心地履行我们的使命，因为我们知道最终它会不可避免地对某个人产生影响。因为像勇气一样，自律也有某种感染力。

我们内心的火焰燃烧得足够明亮来温暖他人，我们内心的光芒可以照亮他人的道路，我们所取得的成就可以使他人实现梦想。

它从我们开始，从我们内心开始。但它并不止于此。

我们的自律具有感染力……如果没有，它真的会有那么强大吗？

Grace Under Pressure

压力下的优雅

海明威曾经被问到对勇气的定义。他说勇气并不是战场上冲锋陷阵，或者杀死野兽。虽然他的定义里并不排除这些事情，但勇气并不是盯着强大的利益集团。

优雅地应对压力。

那是他的说法。

沉着。关键时刻更需要自律。

当物体从天而降或者媒体包围她的宫殿的时候，当她的生命受到威胁的时候，女王一直保持着冷静和克制。但对她来说，这些都是她工作的一部分。在2005年“7·7”恐怖袭击事件中，伦敦地铁系统中有52人丧生，她向悲痛却坚强的英国人民解释了为什么这种平静至关重要——这是品质的体现。她说：“我想表达我对我们首都市民的钦佩之情，他们在昨天的爆炸袭击后平静地决心恢复正常生活。这就是对这场暴行的回应。”在疫情初期的一次演讲中，她也阐述了同样的内容，她说：“我希望在未来的岁月里，每个人都能为自己如何应对这一挑战而感到自豪。我们的后人会说，这一代的英国人与任何一代一样强大。自律、沉着、幽默、决心以及友爱仍然是这个国家的特点。”

175年，马可·奥勒留遭到了他的将军阿维迪乌斯·卡修斯的背叛，一次未遂的政变。即使他和他的家人处于致命的危险之中，马可仍像往常一样以镇定的姿态回应。他在谈及这次危机时刻的时候写道：“一个人的头脑越冷静，他就越有力量。”一个真正的男人不会屈服于愤怒或恐慌，他提醒自己，希望自己能像安东尼一样。他说：“安东尼有力量、勇气和毅力，不像那些愤怒和抱怨的人。”

正如你所知，这种情况时有发生。做到这一点要经过多年学习、实践，不断地跌倒了再爬起来，每天都要变得更好。拿破仑说：“就我自己而言，我花了很多年的时间来培养自制力，以防止我的情绪背叛我。”拿破仑也许是个野心勃勃的自大狂，但没有人能否认他在战场上的镇定。

宫本武藏的天才之处在于他能够破坏对手的镇定。他会用书中的任何一种技巧来动摇他们，扰乱他们的注意力，使他们心烦意乱。一旦他做到了，他们就被打败了。

在压力下保持优雅看起来很美，但这是严格自律和意志力的表现。当然，这个人会感到害怕，会感到疲惫，会受到挑衅。但他设法克服了这一切，超越了这一切。

没有一个领导者、艺术家或家长能在一生中避免高压情境，避免感觉事情失去控制的时刻。在许多情况下，在每一个关键时刻，他们接下来的举动决定了一切。

这是他们展示自己是谁的地方，是他们实现命运的地方。

我们听到一个名叫帕斯特的罗马骑士的故事，他年轻而受欢迎的儿子因莫须有的罪行被卡利古拉送进监狱。帕斯特试图以他儿子的名义进行干预，但卡利古拉还是残酷地下令处决了这个男孩。

为了进一步折磨帕斯特，卡利古拉在他儿子去世的那天晚上邀请他共进晚餐——这个邀请他无法拒绝。

帕斯特做了什么？他能做什么？

他如期到场。

但他拒绝流露一丝他的痛苦或愤怒。卡利古拉为他的健康干杯，他一饮而尽。卡利古拉赐予了他一些礼物，他接受了。我们可以想象帕斯特坐在那里，周围都是欢声笑语和人群，而他感受着世界上最孤独、最悲伤、最愤怒的时刻。然而，他没有流泪，没有任何尖锐的言语，表现得好像他心爱的男孩已经摆脱了这种反复无常的残忍行为。

他如何能做到这一点？忍受损失是一回事。但是心如刀绞地站在那里，被一个残忍、疯狂的怪物所折磨？吃下刽子手餐桌上的食物，当你想干呕和尖叫的时候却还要完美地自我节制并喝酒？谁能忍受这些？

他只是麻木了吗？帕斯特是个绝情的野蛮人吗？他是不是精神崩溃了，失去勇气了？

不，答案非常简单：他还有一个儿子。

他不能失去他的镇定，以免让他的孩子失望。所以他没有爆发，凭借难以言喻、难以理解的力量和尊严挺了过来，保护了家人的安全。

我们需要明白，节制不仅仅是在有压力的情况下保持温和或冷静，也不仅仅是忍受偶尔的批评或控制一些自己的冲动。

有时候，节制是有力量不去做这个世界上你最想做的事情。它阻止了世界上最自然、最容易理解和最可以原谅的感受：个人的感受。比如，想要逃走，崩溃，因为恐惧而自闭，或欢呼雀跃、欣喜若狂，或因愤怒而咒骂，或冤冤相报，不能自拔。

放纵这些冲动将会让你的对手得到他们想要的东西，更糟糕的是，可能会伤害那些无辜的人。

一场政变？一场充满敌意的采访？一场有数百万人观看的在线比赛？一个痛苦的谎言？一个危险的、危及生命的状况？一个你押上了所有筹码的改变职业生涯的赌注？为了我们所爱的人，我们需要足够坚强以渡过任何难关。为了我们所承诺的事业或使命，我们需要足够坚强去忍受这些。我们必须这样做。

我们可以像帕斯特那样咽下痛苦，像马可那样振作起来，像女王一次又一次所做的那样。

我们这样做是因为其他人在看着我们——我们的孩子、追随者、学生，乃至整个世界。我们不仅不想让他们失望，还想激励他们，向他们展示什么是可能的，展示我们真正信赖的东西。

塞涅卡说："你承受了什么并不重要，重要的是你如何承受它。"

真正伟大的人以优雅来承受：

沉着

勇气

自律

Carry the Load for Others

为他人承担重担

1998年圣诞节那天，查尔斯·克鲁拉克①将军抵达海军陆战队匡蒂科基地，他期待在警卫站找到一名值班士兵。令他惊讶的是，他一个都没有看到。更为吃惊的是，他发现准将詹姆斯·马蒂斯正在站岗。

到底发生了什么？

什么都没有，那天被指派的守卫有家室，马蒂斯认为他应该回家和家人们在一起。尽管马蒂斯已经有差不多20年的资历，尽管在那段时间里他本可以做数百万件其他的事情，但他还是选择接替一名普通士兵去承担这份不那么愉悦的职责。

领导者必须是无私的，他们必须有所牺牲，必须像组织中的其他人一样面对匮乏和失去。马蒂斯从斯利姆子爵的著作中学到，如果你能做到这一点，"他们会追随你到世界的尽头"。

"指挥的特权只是指挥，"马蒂斯曾对一位正在推卸责任的中尉说，"你不会得到一个更大的帐篷。"

事实上，最好的指挥官会选择较小的帐篷。他们将额外的供

---

① 查尔斯·克鲁拉克（Charles Krulak），美国退役四星上将、美国前海军陆战队司令、伯明翰南方学院前院长。——译者注

给让给他们的部队。他们不会对自己更宽容，而是更严格，因为他们知道这不只是关乎他们自己。

当色诺芬带领一万希腊人离开波斯时，一名步兵曾向他抱怨：“我们不平等，你骑在马背上，我拿着盾牌累得筋疲力尽。”色诺芬闻言纵身跳下马，替这名士兵拿起了盾牌，一路走到了终点。

做“老板”是一份工作，成为“领导者”是你赢得的。你因为自律得到自我提升。就在这样的牺牲时刻，就在你替别人承担打击或责任的时候。

正如我们所说的，成功并不是让你摆脱自我控制，它也不能让你摆脱辛勤工作或者无须承担后果。现在你也得帮助其他人扛起重担了。你会很乐意这样做，因为当你接受奖励的时候，你也接受了责任。

格雷格·波波维奇承受了罚款和批评，这样他的球员就可以有更长的职业生涯。这种做法现在已经很普遍，后来的其他教练也从中受益。哈里·贝拉方特支付了账单，这样马丁·路德·金一家就可以有片刻的安宁和休息。

当安东尼登上王位时，他提醒妻子，他们现在必须更加慷慨，也需要对自己更严格，更多地控制自己。他说：“现在我们已经在掌控一个帝国，我们甚至会失去以前曾经拥有的东西。”

如果权力或成功能够豁免我们，那就太好了，能让我们免除一切耗时、烦琐、不便和困难的事情。但在现实中，它使我们更有义务去做这些事情，对我们的要求也更高。事实就是这样。

你能应对得了吗?

领导者最先出现，最后离开。领导者工作最努力。领导者要以他人为先，要能够承受打击。其他的一切都只是符号和头衔。

尽管这看起来理所应当，但遗憾的是，这并非常态。每有一个像马可·奥勒留那样在瘟疫期间出售宫殿家具的人，都会有一些参议员逃往温暖的地方，而他们的选民则在没有电力或水的家中挨冻。在疫情期间，每有一位放弃薪水的 CEO，都会有一些公司获得政府救助，然后裁员，并给其高管发放奖金。每有一个为公共卫生事件牺牲的人，都会有一些首脑人物举行聚会，也有州长在“法国洗衣房”餐厅享用大餐。

普鲁塔克感叹道，太多的领导人认为“治理的最大好处是他们自己拥有不被治理的自由”。

不，你才是那个必须严格遵守规则的人，那个言出必行的人。你做得越多，就越应该提高自己的标准。你拥有的越多，就应该越无私。不是为了吸引公众的注意，而是因为这是正确的做法，因为这就是你在承担责任时做出的承诺。

如果马蒂斯将军不是一遍又一遍地秉持这些理念，实实在在地践行这些理念——关于牺牲、互相帮助、责任、谦卑和同理心，他对部下所说的一切都不会像现在这样有意义。

我们必须展示，而不是讲述：危险抢在前方，奖励排在最后；工作在前，表彰在后。作为领导者，你需要付出。

这样不太公平吧？或者这是你自己的选择吗？顺便一提，这不就是你获得大笔报酬的原因吗？

这就是指挥的特权。

Be Kind to Yourself

善待自己

克里安西斯通常是一个不多管闲事的人。但一天早上，当这位斯多葛学派哲学家走在雅典的街道上时，他遇到了一个因失败而责备自己的人。他忍不住停下来打断这个心烦意乱的陌生人，他和蔼地说："记住，你不是在跟坏人说话。"

当然，自律的全部意义在于我们对自己严格。我们坚持高标准，不接受借口，总是督促自己变得更好。

但这是否意味着我们要鞭打自己，憎恨自己，像对待坏人一样对待自己或自言自语？当然不是。

然而，我们总是不知不觉地陷入这些消极的对话中。诸如，你很糟糕，你搞砸了，你失败了。

你搞砸了，所以你并不完美，你不是超人。没有人是。作家塔那西斯·科茨[①]提醒我们："并非所有人都可以一直是杰基·罗宾森——甚至杰基·罗宾森也不总是杰基·罗宾森。"加图、马丁·路德·金、莫里森和伊丽莎白女王也是如此。

马可·奥勒留也是如此，他提醒自己和我们所有人，不要

---

① 塔那西斯·科茨（Ta-Nehisi Coates），美国作家。他 2015 年出版的《在世界与我之间》（*Between the World and Me*）获得了当年的美国国家图书奖非虚构类大奖。这本书以作者给儿子的信的形式写成，讨论针对黑人的暴力。——译者注

“因为生活中没有充满智慧和道德的行为而感到愤怒、挫败或者沮丧。但在失败的时候，要重新振作起来，赞美作为人类的行为举止——无论多么不完美——都应该全然接受自己已经开始的追求。”

失败是不可避免的，错误是必然会发生的。

你曾经钦佩的每一个人都会发脾气。他们会按下闹钟的贪睡按钮，会沦为坏习惯的牺牲品。他们不是完美的配偶、邻居或父母。

如果你目睹了这些时刻，你会怎么做呢？你不会对他们不屑一顾或者斥责他们。你会安慰他们，会提醒他们曾经做过的一切好事，他们已经取得的成就是多么令人难以置信。你会敦促他们振作精神，继续前进。

现在，你可以这么告诉你自己吗？你能在那种平静而温和的哲学之光中看待自己吗？

还是你太冲动、太紧张、太苛刻？

梭罗在《瓦尔登湖》中有些夸张地写道：“有一个南方监工很糟糕，有一个北方监工更糟糕。但最糟糕的是，当你成为自己的监工。”

没有人喜欢暴政……你为什么要成为自己的暴君？

斯多葛主义不是要惩罚自己。当然，这是一个坚定的学派，但正如塞涅卡所写的那样：“事实上，没有任何哲学学派比它更友善、更温和、更热爱人类、更关注我们的共同利益，以至于它的目的是有用，是带来帮助，考虑的不仅仅是个人的利益，而是所有人的利益。”

所有人包括你自己，如果你需要提醒自己。

经过一生的哲学研究，塞涅卡最终是这样评判自己的成长。他写道：“我取得了什么进展？我已经开始成为我自己的朋友了。”

和自己做朋友。

你不是你自己的敌人，你是尽力而为的人，是每天都在变得更好的人。

你永远不会让朋友说自己一文不值，永远不会因为为时已晚而让他们放弃，永远不会让他们认为自己已经失败。你不会让他们虐待自己、折磨自己。

朋友可以使我们保持冷静，使我们安心。我们给出建议而非警告。这不仅是一种善意，也非常有帮助。我们是他们的后援，能够把他们从深渊中拉出来，让他们回到成功和幸福的道路上。

现在想象一下，如果你能定期为自己提供这项服务，你可以实现什么。

在一个充满爱和支持的地方，我们茁壮成长。

善待自己是一种自律的行为。要成为自己的好朋友。

不要责怪自己，而要振作起来，让自己变得更好。这就是朋友会做的事情。

The Power of Giving Power Away

放权的力量

乔治·华盛顿完成工作回家了。

他刚刚战胜了英国，现在整个国家呈现在他眼前，成为他的战利品。然而此时，他不仅辞去了他的职务，实际上他还有效地拒绝了他可以要求的任何权力、他梦寐以求的任何荣誉。他本可以自封为王，并确保他的家族统治几个世纪。

相反，他鞠躬致敬，交出了代表权力的佩剑，即功成身退。

得知这个计划后，英国国王乔治三世感到难以置信。“如果他这样做了，”他对美国画家本杰明·韦斯特说，“他将成为世界上最伟大的人。”①

像拿破仑一样，华盛顿年轻的时候也研究过历史上的征服者。他也看过亚历山大大帝和恺撒大帝的警世故事，这些他都铭记于心。他还受到罗马政治家辛辛纳图斯②的故事的启发。辛辛纳图斯在一场可怕的危机中被召唤，被赋予了几乎无限的权力，

---

① 实际上，使华盛顿成为最伟大的开创者（尽管仍有瑕疵）的是他决定释放他所有的奴隶，放弃对他们的权力，做正确的事——他是同时代的人中唯一这样做的人。

② 辛辛纳图斯（Cincinnatus，前 519—前 430），古罗马政治家，曾任古罗马执政官。公元前 458 年，时任执政官的米努基乌斯所统率的罗马军队遭到意大利埃奎人的包围，退隐务农的辛辛纳图斯临危受命担任罗马最高裁判官，以保卫罗马。退敌 16 天后，他辞职返回农庄。——译者注

但他在拯救了他的国家后放弃了权力，回到了他安静的农场。

管理我们的野心是一回事，对我们自己负责是另外一回事。但是拒绝权力呢？心甘情愿地放弃或者与他人分享那些本可以导致绝对腐败的力量呢？

这是世界上最稀有的东西。

它是节制的体现。

我们习惯于获取、获取、不断地获取。我们被告知要奋力登顶。我们中的一些人足够幸运能够登顶。

主教练、首席执行官、老板、总统……

为什么当你拥有它的时候你会放弃？你为什么要分享属于你的东西？

好吧，最令人信服的理由就体现在那些无法做到这一点的人所展示的事实。

罗马的历史——事实上，人类的历史——几乎充斥着那些因为权力而变得更糟的人的故事。权力不只是滋生腐败，它还揭示了这一事实。权力会给一个人带来难以想象的压力，使他受到难以置信的诱惑。权力甚至可以摧毁最强壮的人。

多夫·查尼创立了AA美国服饰（American Apparel），这是一家基于公平的劳动实践和道德品牌的时装公司。但随着成功的到来和诱惑的环绕，他逐步地背叛了这些原则，执着于控制和权力，即使压力和审查使得工作本身失去了乐趣。投资者、顾问、员工都建议他聘请有能力的经营者来帮助他解决难题，但他做不到。他更喜欢唯命是从的人和年轻女性，不愿意分享权力和赋予他人权力。在他的放纵最终导致公司董事会将他免职之前，他得到了最后一个选择：他可以辞去CEO的职务，成为一名创意顾问，保留他的股票期权和100万美元的年薪。然而，他选择摧毁这一切，他无法接受别人对他所建立的一切拥有丝毫的控制权。

美国开国元勋的杰出创新之一就是分权。他们明白权力集中是危险的，而领导权作为一种负担最好被广泛分配。华盛顿明白要把它交还给人民，让他们按照自己的意愿进行分解和分配。大多数雄心勃勃的领导人都无法忽视危险的诱惑，而华盛顿可以。

对此无法抗拒的人对自己和组织都是危险的。那些热爱权力的人，他们不能忍受失去权力，即使他们成就了大事也并不伟大。他们是瘾君子！他们并没有拥有权力，是权力拥有了他们。由这样的领导者所领导的组织永远不会取得持续的成功，也无法充分发挥潜能，因为他们不能规划继任，不能赋予他人权力，不能做任何削弱他们自身重要性的事情。

华盛顿以平静而温和的哲学视角看待摆在他面前的机会，他选择了辛辛纳图斯的道路，回到弗农山。他想要安静的独处时间，想用辛勤的劳动保持自己的谦卑。他在观察文官力量和军事权力的分离。他把国家置于自己之上。

对于一个雄心勃勃、对事情应该如何发展有强烈看法的人来说，这绝非易事。然而他做到了。

但华盛顿最终不是成为总统了吗？是的，他确实成了总统，但他是出于不情愿而且是经过两次普选才担任的。在两届任期结束后，他最后一次辞职，为节制设定了一个超越宪法的准则，这个准则在接下来的150年里一直被遵守，直到1951年作为第22条修正案被载入宪法。

在罗马，皇帝拥有无上的权力——只要他们想要，他们可以得到几乎所有的一切。然而，马可·奥勒留和安东尼都选择在他们的任期内服从人民的投票选举执政官，他们都以个人身份参选，没有把荣誉和权力作为自己的一项权利。

柏拉图说，最好的领导者不想要权力。事实上，他们不需要它。因为他们已经征服了自己的欲望和自我，他们变得更强大、更独立、更平静、更友善，更专注于重要的事情。

战争结束后，伊丽莎白女王向丘吉尔提议授予他公爵爵位。他是如此感动和荣幸，几乎泪流满面。但是他克制住自己，礼貌地婉拒了。他说："我要谨记我必须以我一贯的样子死去，那就是温斯顿·丘吉尔。"

重要的不是头衔，不是权力，不是财富，也不是控制。

伟大并不在于你拥有什么，而在于你选择成为的人，或者你选择保持的人。

Turn the Other Cheek

不予还击

1962 年，在伯明翰举行的南方基督教领袖大会上，马丁·路德·金站在一大群团结一致的观众面前致闭幕词。当他在感谢观众并提醒他们明年的计划时，一个名叫罗伊·詹姆斯的白人走上了舞台，开始野蛮地殴打他。

第一拳打在了金的脸部，力道如此之大，让他转了个身。紧接着，连续的攻击落在他的头部和后背，骨头撞击肉体的恐怖声音响彻了原本寂静的礼堂。

观众席上，赛普蒂玛·克拉克被这突如其来的暴力场景吓傻了，起初她不确定这是否是示威活动的一部分。但随后，她看到金在第一次袭击后振作起来，转身面向攻击者，“像刚出生的婴儿一样”放下了双手，承受更多的重击。当他在数百人面前被殴打时，他实际上向攻击者敞开了胸怀，作为非暴力和基督教之爱原则的终极体现。

这一场景也让詹姆斯一时目瞪口呆，刚刚好让人们跳上台来挡在了他们之间。“别碰他！”金对当时愤怒的人群大喊，“别碰他。我们必须为他祈祷。”当人群开始祈祷和唱歌时，金和善地与刚刚殴打他的詹姆斯说话，向他保证他不会受到伤害，然后将他带到金的私人办公室交谈。很快金回到舞台上，他从罗莎·帕克斯[1]那里服用了两片阿司匹林，并用冰袋敷着脸结束了会议。

正如金喜欢说的那样，要“把非暴力作为我合法婚姻的妻子”，但试图忽略嘲讽和挑衅是一回事，当你在最亲密的朋友和支持者面前被殴打就是另一回事。走向暴力，在紧要关头，向那些朋友和支持者展示真正意义上的自我节制则是另一种胜利。金足够宽容，拒绝提出指控，甚至让伯明翰警方都感到惊讶。

一个如此富有同情心的人也许会被打，但无法被打败（仁者无敌）。金深知这一点。他用自己忍受苦难的能力让美国疲惫不堪，用自己的克制让美国敬畏。

回应和反击是意料之中的事。但要超越这些自我保护的本能，则需要自律。完全超越这些本能才是真正的自我掌控。

对金来说，非暴力不只是政治上的权宜之计，它还可以提升一个人。它可以让最普通、甚至有缺陷的人——至少在危机或者遭遇抗议的时刻——到达一个超凡的、英雄的境界。这就是爱、优雅和宽恕的力量。

不予还击是一种精神原则，可以肯定的是，它植根于正义的美德，也是一种意志行为。即使这样很痛苦，你也必须这样做。

1952年，桑德拉·戴·奥康纳宣誓与约翰·奥康纳结婚。四十余年来，无论是在海外任职、从政，还是回到美国的最高法院，她都履行着自己的承诺——爱与珍惜，拥有与持有，无论好与坏。然而在1990年，她的丈夫被诊断出患有阿尔茨海默氏症，誓言中的“无论疾病……健康……”遇到了真实的考验。起

---

① 罗莎·帕克斯（Rosa Parks，1913—2005），著名的美国黑人民权行动主义者。——译者注

初，她每天都会带丈夫和自己一起工作，保证他不会孤单。但最终，桑德拉放弃了她梦寐以求的工作——这份她本该终身从事的工作——选择照顾他，尽管她心爱的丈夫几乎认不出她了。

2007 年，一位记者爆料约翰·奥康纳爱上了另一位阿尔茨海默氏症患者，就像一些患有此病的人的悲惨遭遇，他完全忘记了他的妻子和婚姻。桑德拉振作起来，决定利用她相当大的影响力来引起人们对这种无情疾病的关注并配合完成这个故事。“我很高兴这让约翰高兴，”她勇敢地说……即便这一定伤透了她的心。

这就是承诺该有的样子。关于婚姻、人际关系、把自己暴露在公众面前的事情，都有一个共同的问题，那就是它们会让我们变得脆弱，容易受到伤害。保护自己很容易，我们只需再次封闭自己。但像桑德拉持续五十年以上的婚姻，需要不断地忍耐、保持脆弱，把对方放在第一位，宽恕、爱、接纳和珍视对方。

你能做到吗？你足够强大吗？你足够爱吗？

我们致力于的事业也是如此。如果没有实现目标，我们必须重新站起来。我们的承诺将受到令人不可思议的考验。我们要做出牺牲，然后牺牲更多。

但如果我们能做到，能继续在场，继续付出，继续努力达到那些难以置信的高标准？好吧，按照金的说法，我们成功登顶。

我们触摸到一些特别的、更高的、神圣的东西。

How to Make an Exit

如何退出

第二次世界大战中最令人印象深刻的行动不是诺曼底登陆。从某种意义上说，它正好相反。诺曼底登陆涉及将近 16 万名盟军士兵，相比之下，敦刻尔克的撤退，几乎是 4 年前的同一天，涉及撤离了约 34 万人的军队。这并没有多年的计划，也没有排练；在无数平民和士兵的帮助下，行动是即时完成的，他们镇定自若、齐心协力地挺身而出，做了需要做的事情。

当然，前者获得了所有荣耀，但如果没有后者超凡的英雄主义和自律，前者就不可能发生。一个是非常壮观的，但另一个，他们甚至在发生时就已经知道，这是一个奇迹。

毫无疑问，这是一场失败，但处理失败时的秩序和自律实际上启发了英国。在那之后的几天里，丘吉尔发表了他那著名的演讲，要在海滩上、在空中、在田野里、在街上战斗到最后。为什么英国人认为他们可以做到？因为丘吉尔在敦刻尔克身上看到的，他知道。他说："撤离虽然不会赢得战争，但在这场拯救中他们取得了胜利。"

有时我们必须冲进去。

有时我们必须能克制。

但很多时候，最难的是走另外一条路。

我们的本能是向前冲。我们中的一部分人宁死也不愿意承认失败，或者选择更糟的逃跑。在故事书和历史书中，撤退绝对是站在英雄主义、勇气和自律的对立面。然而，有时候这正是我们必须保持镇定和鼓起勇气去做的事情。

在迪里昂战役中，苏格拉底发现自己处于这样的境地。我们并不倾向于认为苏格拉底是一名士兵，但他曾是，而且是一名优秀的士兵。雅典人的防线被突破了，士兵们纷纷逃亡。但是苏格拉底始终保持自律，即使在他逃跑的时候，他也肯定不会丢下他的武器或盾牌。据说，即使他离开了战场，他也在继续战斗。他救了他的学生亚西比德的命。亚西比德看到这位哲学家的奋战，不放弃任何人或任何有价值的东西——尤其是自己的尊严，他深受鼓舞。他后来说："只有那些仓皇逃窜的人才会被追捕。"

勇往直前总是鼓舞人心，但有时候，当你不得不走另外一条路时，你需要一个更强大、更高层次的自律才能维护你的尊严。

如果好人永远都不会输掉战斗，如果无所畏惧或者努力工作就足够了，那就太好了，但现实不是这样。有时候，你必须要活着才能继续下一天的战斗。问题不在于你什么时候必须这样做，而在于那一天到来的时候你将如何应对。

对希腊人来说，撤退并不是一件可耻的事情。你如何撤退很重要。最严重的罪过是"弃盾"——在逃跑的混乱中失去了你的盾牌——因为这会危及整个方阵，使你的战友们处于危险之中。斯巴达人可以从失败的战役中回来，但他们绝不能抛弃任何人。这就是他们说的"持盾而归或横尸于野"的意思。

当事情看起来迷茫时，有些人就会放弃——这种意志的崩溃才是可怕的事情。混乱和冷漠使问题复杂化，使事情无法挽救，甚至会殃及他人。不应该这样，应该像苏格拉底、敦刻尔克等英雄们展示给我们的那样。

同时，也有人不肯放弃，他们认为这种固执是一种美德。但固执也是一种恶习。那些只能往前走、从不退缩、没有撤退计划、不勇敢但鲁莽的人，他们这不是自我节制，而是被困在了一个位置上。无论是在战争、生活还是商业活动中，你不可能每次都赢。一个不知道如何摆脱困境、减少损失或自我救赎的人是脆弱的人，一个不知道自己如何输的人还是会输，甚至会更加痛苦。

林肯发现他的父亲陷入了一种老话的逻辑困境："如果你做了一笔糟糕的交易，那你就会抓得更紧些。"这种不能放手、不能改变策略、不能承认错误，就是沉没成本谬误的体现！它注定了这个人将在几十年的失败和挣扎中徒劳无功，就像俗话说的那样，"不停地往坏的地方扔好钱"。

我们总是认为自己有所不同，但真的是这样吗？

我们愚蠢地重复做着我们一直做的事情，幻想有一天它会带来不同的结果。我们认为这是我们不会屈服的性格特质，实际上这很可能是愚蠢或者软弱。我们也许认为自己可以勇往直前，而实际上正是这种永不满足常常将我们带入敌人设下的陷阱中。

希望很重要，但它不是一种策略。否认也与决心不同。妄想就是毁灭。贪婪最终会结束这一切。

想想洛基·马西亚诺[①]的自制力，他在感觉自己的身体走下坡路后就放弃了拳击。他是为数不多的认识到要及时退役的拳击手之一。1956 年，有人支付他 100 万美元的奖金让他回归与

① 洛基·马西亚诺（Rocky Marciano，1923—1969），1952—1956 年间的世界重量级拳王。他的生涯战绩是 49 胜 0 败 0 平手（其中 43 次 KO）。——译者注

弗洛伊德·帕特森对决，这奖金是他一年前第六次对阵阿奇·穆尔，也就是最后一次夺冠时的两倍多。但他知道属于他的时代已经结束了。他更看重的是他的大脑，而不是他的自我或钱包。

请记住，贾里格在他的表现可能会对球队造成伤害之前就把自己放在了替补席上，即使这让他失去了自己最心爱的东西，他也以极大的尊严和姿态选择了退出比赛。你必须足够强大才能做到这一点。要知道何时结束，知道何时必须宣告结束。

有一个关于迪安·艾奇逊的故事，他在经济大萧条时期担任美国财政部副部长。他发现自己在货币问题上与罗斯福总统存在严重分歧。艾奇逊告诉罗斯福，法律是非常明确的。但罗斯福告诉他，他希望他的律师能找到规避法律的方法。在激烈的争论之后，艾奇逊递交了一封礼貌而亲切的辞职信，然后参加了他的继任者的宣誓就职仪式，并在仪式上感谢了惊呆了的罗斯福给了他这个机会。在战争期间，艾奇逊又回来工作，而罗斯福以他为榜样。罗斯福曾经对一位递给他一封任性的辞职信的工作人员这样说："去问问迪安·艾奇逊先生一个绅士是如何辞职的。"

你能放下自我，接受失败或者不可调和的分歧吗？完成使命后，你能选择离开吗？即使不这样更有诱惑力？即使一切都在分崩离析，当所有的眼睛都在注视着你，等待着你与它一起分崩离析的时候，你能重整旗鼓吗？

你必须偿还你的债务，承认你的错误，明确你的意图。你必须为之后要做的事情做一个规划，不管是下一个新项目、新篇章还是其他的追求。

我们必须记住，撤退只是暂时的。这将为我们赢得时间，直到我们能够为追求胜利而再次勇敢地进攻。

Endure the Unendurable

忍受不可忍

1802年10月，在位于海利根施塔特的房间里，贝多芬处于他人生的最低谷。多年来，他的健康状况一直不佳。他受到发烧和痢疾的困扰，被严重的头痛折磨着。他因多次失败的恋爱而心碎，由于他没有贵族身份，一再被婚姻拒之门外。他的天赋尚未得到充分赏识。尽管有评论家在谈论他，但保守派仍然掌控着音乐界。拿破仑的战争还在蹂躏着他的祖国。

正是在这个黑暗的时刻，他考虑结束这一切。

他在给兄弟们的信中悲痛地诉说："六年来，我绝望地被折磨着，那些愚蠢的医生使得我的状况更为糟糕。年复一年，我希望得到改善，却一次又一次地被欺骗，不得不面对持久的病痛（可能仍需数年时间才能治好，或者可能治不好了）。虽然我天生性情暴躁、活泼好动，甚至容易受到社会的影响，但我很快就被迫隐退，独自生活。有时我不得不赶紧忘记这一切，哦，听力不好的双重悲伤经历也几乎击退我。但我不可能对人们说：'大声点，大声点，因为我是个聋人。'"

命运联合起来对付贝多芬。他的身体使他虚弱，许多事件凑在一起要击垮他。事实上，这些事件会击垮大多数人。

然而他并没有被击垮。

凝视着悬崖渐渐黯淡下来，面对他最伟大的天赋将会消失的未来，尽管他有那么多的痛苦和焦虑，他还是鼓起勇气前进。他写道："只有我的艺术才能让我退缩。哦，在尽我所能创造出更多的作品之前，我不可能离开这个世界，所以我延长了这个悲惨的存在……我希望能坚定我的决心，直到无情的命运女神中断这一切。也许我会好起来，也许不会，我已经准备好了。"

尽管遭受了难以形容的痛苦，但美德支撑着他。他写道："多亏了它和我的艺术，我没有以自杀结束我的生命。"

我们多么幸运，他的自制力抵御了这种几乎致命的激情。没有这种自制力，我们就听不到他的《献给爱丽丝》《第五钢琴协奏曲》、他的九部交响曲中的八部，还有成百上千的其他作品。

当然，生活中的所有事情都需要某种形式的耐力、耐心、韧性和延迟满足，或者所有这些。但是生活本身又如何呢？塞涅卡患有严重疾病之后又被流放，他写道："有时候，即使是活着也是一种有勇气的行为。"还需要拥有自律。

生活是不公正的，生活并不友善。我们不仅需要身体和精神的力量，还需要灵魂的力量——毅力。否则，我们就无法忍受继续战斗，无法抵御命运的打击，而这些打击就是要阻止我们，让我们自暴自弃，放弃我们的智慧、原则和哲学。

不只是经受住一两次风暴，还有比这更糟糕的事情……有些人经历过糟糕的 1 年、10 年或者更糟。但正是这些苦苦挣扎、困苦困惑、拒绝放弃、拒绝停止尝试的人，他们不只是需要勇气。即使他们正在遭受那样的折磨，他们已经在身体和精神上征服了自己。

我们必须视他们为英雄。

哲学家塞克斯都·恩披里柯[①]把忍耐定义为“一种美德，它使我们可以战胜看似难以忍受的事物”。保罗·加利科[②]在写到他的朋友卢·贾里格时，试图给这个人的英雄主义下一个定义，最终的结论就是：“除此之外，还包括安静地、毫无怨言地承受痛苦的能力，承受并永远不让别人知道，永远不让世界怀疑你正在承受痛苦的能力。”[③]

塞涅卡被流放了8年。弗洛伦斯·南丁格尔等待了16年，却无法实现她的召唤。詹姆斯·斯托克代尔被吊在那里，双臂被绑在背后，一根绳子将他从地面上提起，使他的肩膀脱臼，他肯定多次渴望死亡。

想想女王经历的她那可怕的一年。安妮·弗兰克在阁楼“密室”中待了25个月，她依旧兴高采烈地写着日记。斯蒂芬·霍金，患有肌萎缩侧索硬化症，忍受了40余年的轮椅生活。马可·奥勒留一生都饱受胃病的折磨，然后是战争、洪水和真正的瘟疫，他提醒自己没有什么是无法忍受的（唯一无法忍受的事情——都会由我们的死亡最终解决）。

想想那些经历了产后抑郁的母亲，那些与癌症、破产、耻辱性失败抗争的人，那些与致瘾物搏斗并从谷底反弹的人，那些挣扎着走出代际贫困的人，那些在奴隶制度下经历了人类对彼此最残酷对待的奴隶们。

---

① 塞克斯都·恩披里柯（Sextus Empiricus），活跃于公元2世纪中后叶的著名哲学家、希腊怀疑派哲学的集大成者。——译者注

② 保罗·加利科（Paul Gallico，1897—1976），美国编剧。他有不少小说被拍成电影，代表作有《新海神号历险记》等。——译者注

③ 我们不要将此与不寻求帮助相混淆。正如艺术家查理·麦凯西用优美的语言写道：“寻求帮助不是放弃，而是拒绝放弃。”

他们继续前进，他们没有放弃。尽管如此，正如美国黑人女作家玛雅·安吉罗所写的，他们屹立不倒。在这样做的过程中，他们用忍耐和平静的毅力使自己的斗争变得高尚和庄严。

他们证明了自己比所遇到的逆境更伟大。他们继续前进。

你也可以。

不要绝望，不要放弃。

坚定信念。

因为有一天，你会从这场斗争的另一端回顾过去……你很高兴自己做到了。

我们所有人都可以。

Be Best

做到最好

到公元66年，事实上和名义上庞培已经赢得了“庞培大帝”的称号。他重新征服了西班牙。他不仅一次，而是两次担任过罗马执政官。他在第三次奴隶战争中击败了斯巴达克斯。

现在，他被派去肃清在地中海活动猖獗的西里西亚海盗。在他离开之前，他与斯多葛学派哲学家波西多尼乌斯进行了一次私下会谈。波西多尼乌斯是古代世界最伟大的思想家之一。

波西多尼乌斯的建议对这位雄心勃勃的将军来说似乎有些多余。他引用了《奥德赛》中的一句话：“要做到最好，永远超越他人。”但是波西多尼乌斯不是在谈论对抗敌人的时候取得更多的胜利，而是在谈论征服自我；追求的不是荣誉，而是光荣品质。

普鲁塔克向我们讲述了一位远没有庞培出名但比庞培早几代的希腊将军和政治家——埃帕米农达的故事。尽管他在战场内外都表现出色，但他还是在底比斯被任命为一个极具侮辱性的小职务。事实上，正是因为他的才华，他才被派去负责这座城市的下水道。他并没有因为无关紧要的安排而被激怒或绝望——一些嫉妒和害怕他的竞争对手认为这将有效地结束他的职业生涯——他认真对待他的新工作，宣称不是工作给人带来荣誉，而是人给工作带来荣誉。普鲁塔克写道，凭借辛勤的工作和认真的态度，“他着手将这个微不足道的工作转变为一项伟大而受人尊敬的荣誉，尽管以前它只是涉及监督清理粪便和从街道排水”。

最出色的人是因为自律为他们的成就增添光彩，而不是反之。

这就是波西多尼乌斯试图告诉庞培的，尽管庞培没有完全意识到这一点。说到底，这不是关于我们做什么，而是关于我们如何做，以及我们要成为谁。

很多时候，我们发现更多的人选择职业上的出色表现，而不是成为一个伟大的人，他们排除万难追求成功、艺术、名声或权力。

一定要这样吗？被爱戴一定与可爱有冲突吗？

或者如西塞罗所说，节制可以是伟大人生的精雕细琢吗？

尽管伊丽莎白女王继承了君主制，马可·奥勒留出身显赫，但让他们成为王者的并不是王位，而是他们的行为。古人称他们为第一公民不仅是因为他们的阶层，也是因为他们的品格。正如马可所说，他的目标从来不是成为最强大的国王，从来不是征服最多的领土，或者建造最美丽的建筑。相反，他追求的是“完美的性格：把每一天都当作最后一天过好，不疯狂、不懒惰、不伪装”。就像伊丽莎白和马可展示给我们的那样，出色的外部成就恰好来自内部努力。它们不是目标，而是副产品。

在我们完全征服了自己之后，征服世界几乎是轻而易举的事。当然，试图征服自己的人肯定比要去征服世界的人少。

当你研究任何行业真正的大师的时候，你会发现这一点。他们不太在意获胜、金钱、名誉，以及成功给他们带来的大多数荣耀。他们一直奔赴在更有意义的旅程中。他们不是在与竞争对手赛跑，而是在与自己战斗。

自律从来不是惩罚或剥夺。它是关于如何做到最好，你有能力成为的最好。

成为最好的自己的战斗与击败他人关系不大，更多的是要战胜每个人都会有的那些冲动、缺陷和自私的本能。在 1997 年的 NBA 总决赛中，迈克尔·乔丹战胜了在著名的“流感比赛”① 中退出的愿望。一个更重要的总决赛时刻出现在 2021 年，菲尼克斯太阳队主教练蒙蒂·威廉姆斯，这个生活并不轻松的人进入了新加冕冠军的更衣室。威廉姆斯告诉雄鹿队，这支刚刚击败他的球队：“我只是想作为一个男人和教练来祝贺你们，这是你们应得的。我很感谢这段经历。你们让我成为一个更好的教练，让我们成为一个更好的团队。恭喜你们。”

庞培永远都不会满足，对他可言没有什么神圣的。他无尽的野心，他对荣耀的疯狂热爱，正如波西多尼乌斯所说的那样，将使他与恺撒结盟，逐步摧毁他曾经热爱的共和国。他最终会意识到这是一场浮士德式交易 ②，他英勇地保卫罗马，但为时已晚。一天之内，他就会在法萨卢斯被恺撒的军队击败，失去他所获得的一切。不久之后，他也会失去生命。他的遗言引用了另一位古代剧作家索福克勒斯的话：

无论谁踏上前往暴君宫廷的旅程，

---

① 流感比赛（flu game）名字的由来，是因为当日迈克尔·乔丹身体不适，大家都以为他得了流感而带病上阵，而他最终表现惊人，带领公牛队获得了胜利。——译者注

② 浮士德式交易（Faustian bargain）是一种心理障碍。主要说的是一个人对一种看似最有价值的物质的盲目崇拜太大，从而使他失去了理解人生中其他有价值东西或精神的理由和机会。这种症状会使他永远沉浸在理念与结果的落差中，从而使他进行着贬低他人的行为。——译者注

即使曾自由自在，也将沦为奴隶。

通过追逐错误的“最好”——名誉、财富、权力、胜利，庞培将自己捆绑在了“最坏”之上。

这让他付出了一切。我们所有人也是如此，当我们妥协的时候，当我们放松自律的时候，当我们因为“例外”采取权宜之计而不是做我们知道的正确事情的时候。

历史上不乏伟大的征服者，而伟大的将军少之又少。才华横溢的作家、富有开创性的科学家、令人难以置信的运动员、大胆的企业家，所有这些都很罕见。更罕见、更令人印象深刻的是，那些成功实现这些壮举的人没有失去对自己的控制，没有成为自己的野心、事业和冲动的奴隶。

你会成为什么样的人？

你在与谁赛跑？你想打败谁？这是最好的选择吗？

Flexibility Is Strength

灵活性就是力量

宫本武藏面临的危险是真实存在的。

不是来自剑的危险，至少不是直接来自剑的危险。

就像任何经过高强度训练的人一样，宫本武藏面临着僵化、被困在特定风格和方法的风险。这是专业化很自然的副产品。

当你以某种方式练习做一件事一千次，然后再练习一千次时，这就会变成你期望形成的模式，也许你需要这样。你遵循惯例，建立自己的体系，发展自己的风格，并从中找到了自由……但也可能是一种禁锢。

当接近真正的精湛技艺时，宫本武藏需要摆脱这些自我强加的枷锁。他知道这其中潜在的代价——仅仅通过扰乱对手的节奏或使他们失去平衡，通过迟到或表现得怪异，甚至在一个案例中，选择用一根长木桨而非剑作战，使试图杀死他的剑客完全困惑。正因如此，他击败了许多令人敬畏的对手。

他会成为自己方法的囚徒，还是会突破它，进入一种状态——一种几代人之后，伟大的战略家罗伯特·格林[①]所说的无形？

---

① 罗伯特·格林（Robert Greene），美国作家，著有《权力的 48 条法则》《专精力》《诱惑的艺术》《人性的法则》等。——译者注

宫本武藏选择了后者。他学习艺术和诗歌。他故意把自己推出舒适区。他拒绝停止成长，拒绝将自己捆绑在任何事情上——他重塑、改变，随着年龄的增长而不断成为一个更新、更好的武者。

他写道："武器和其他东西一样，你不应该区别对待。无论是将军还是士兵，偏爱一件事，厌恶另一件事，都是错误的。当你冒着生命危险的时候，你希望所有的武器都能派上用场。"或者更确切地说，你希望拥有尽可能多的武器。

你知道那句话："当你只有一把锤子时，一切看起来都像钉子？"这是一个警告。这是关于刻板印象的，关于以何种方式看待自己、自己的工作以及其中固有的局限性。

棘手的是，这正是节制的部分意义所在。我们认为某些东西是神圣的。我们建立系统，形成一种风格，打造一种人设，然后坚持下去。当其他人都像风中的羽毛时，我们坚定地把握住自我。

这太棒了。不过这还不够。

汤姆·布拉迪成为有史以来最伟大的四分卫是一回事，而持久地保持状态则是另一回事，这让他在四十多岁时还能获得多个冠军。他的承诺和辛勤工作使他早年的时候就表现出色，但让他能够维持这种身体表现的是他的灵活性。在其他球员努力变得更强大的时候……布拉迪则注重保持灵活性。他很灵活，很健壮，很轻盈。他的这种灵活性也是相对的。他不会强迫自己以某种固定方式行事——他总是根据比赛的变化、新规则、新接球手，以及新城市中拥有新一代运动员的新球队，随时进行调整。[①]

---

① 这将是洛杉矶公羊队在 2019 年输掉超级碗的教训：他们太死板，无法适应。2022 年重返赛场后，教练肖恩·麦克维（Sean Mcvay）更强调放松而不是过度训练，并寻求内心的平静。——译者注

现在我们也应该知道如何改变吗？

是的。

丘吉尔的一位同事曾观察到丘吉尔完美地把握住了“尊崇传统，但又嘲笑传统”的平衡。过去很重要，但它不是牢笼。古老的方式——罗马祖训（即我们祖先的习俗）——很重要，但不能被误认为是完美的。想想伊丽莎白女王，一个永恒体制的捍卫者，但她从不让自己与时代脱节。这就像甲壳虫乐队在谈论这些时所唱的那样：“女王陛下是一个漂亮的好女孩，但她每天都在改变。”这就是她在 1965 年向甲壳虫乐队授予大英帝国员佐勋章时所证明的，这一举动在当时非常不受传统主义者的欢迎，但回想起来，这是君主制介入英国文化的非常必要的一步。

当然，有些东西，比如我们的原则，是不能改变的……但其他呢？我们必须足够强大来调整和适应……以免我们最终变得愤怒、痛苦、无法共事。

大学篮球教练沙卡·斯马特从得克萨斯州转到威斯康星州密尔沃基的马凯特大学后，被问到他喜欢寒冷还是温暖。他说：“我是一个根据天气着装的人。”

我们必须学会如何灵活应对，应对重重困难、坏天气或者当下的现实。

我们的自律不能僵化成一套固定的方法，正如我们在工作时会自然而然地倾向于这种做法。然而，不仅仅是成功会使得我们这样。特别是随着年龄的增长，任何人都容易变得固执己见，即使这些方式已经对我们不再有好处。苏珊·奇弗[①]在描写梭罗时

① 苏珊·奇弗（Susan Cheever），古根海姆基金会的成员，目前在本宁顿大学和新学院大学任教。——译者注

给我们展现出一幅悲惨的画面："随着年龄的增长，他在自己选择的领域完全没有成功，他的世界在他身边崩塌。梭罗似乎变得越来越僵化。他所拥有的只有他的原则。他不是相信它们，而是似乎被它们统治了。"这就是精神错乱的定义——他坚持的是没有用的东西，他被困在自己创造的情感和艺术的贫民窟中。

这让人想起一位教练曾经给穆罕默德·阿里的警告，他的坚强意志使他始终屹立不倒。教练告诉他，一棵橡树也很高大，但你必须弯腰躲避，否则就会被它撞倒。"橡木也可以做很好的棺材。"他提醒阿里。

很多人在他们死亡之前，已经被埋在自己制作的棺材里。

因为他们无法理解"他们一贯的做事方式"已经不再有效，或者"他们的成长方式"不再被接受。

我们必须培养变革的能力、灵活性和适应性。不断地、持续地，像女王一样，每天做出一点改变，以保护和保全大的事物。这并不总是很有趣，也不总是那么容易。

但是不这样做会有什么后果呢？慢慢死去？

自我节制不是终身监禁。这是一种生活方式。

灵活性并不意味着我们要抛弃重要的东西，但它确实意味着我们要理解如何生活、如何保持活力，意味着我们如何让自己在传统中保持舒适，同时又在传统中创造新的内容并不断改进。这也意味着，随着世界的变化和我们所处位置的变化，我们要不断调整，找到一种既忠于我们的原则又不让我们陷入痛苦、无谓的失败或被排除在外的方法。

僵化就是脆弱，无形是牢不可破的。

我们可以选择其中之一。

Unchanged by Success

不会因成功而改变

柏林墙倒塌的那天晚上，默克尔喝了一杯啤酒就回家了。人们陷入了一种近乎疯狂的解脱和兴奋中，而她早早就睡了，因为第二天她有一些工作要做。

即使在她当选为德国总理后，这一惊人的崛起使她拥有了欧洲最重要的职位之一，她仍然住在原来那套普通的、租金不那么贵的公寓里，她已经在此住了 23 年。当她聆听爱乐乐团的音乐会时，她和其他观众一起坐在普通的座位上（她坚持自己付钱）。众所周知，她会因为助手听了她的笑话笑得太厉害而责备助手。柏林人早就习惯看到这位前领袖在商店里自己购物。

一位记者曾问默克尔，在她取得这么多的成就之后，她家乡的人仍然称她为“牧师的女儿”是否让她感到困扰。她回答说，这就是我。无论她的生活发生什么变化，这一点都不会变。

老加图也是如此，他早年的节俭使他从罗马那些奢靡的领导人中脱颖而出。普鲁塔克写道：“更值得关注的是，他始终遵循着同样的习惯，不仅在他年轻且充满野心的时候，在他年老、头发灰白、当过执政官并庆祝胜利的时候也是如此。就像冠军运动员一样，坚持遵守自己的训练规则直到最后。”

这就是成功的悖论。当我们认为自己已经赢得了特权可以放松自律的时候，正是我们最需要它的时候。我们所有努力都要有所回报？诱惑真的太多了，还有更多的干扰，更多的机会。

唯一的解决办法是什么？更多的自我掌控！

有所成就非常棒。但仅仅因为有所成就而变成一个自私的混蛋？认为自己突然变得比其他任何人都更优越、更重要？别逗了！

加图给普鲁塔克留下的深刻印象和默克尔给我们留下的深刻印象都是，他们没有利用自己的权力或地位来满足自我，就像很多人会做的那样。他们也没有让自己处于规则之外。

菲利普亲王葬礼上最动人的照片之一是在 2021 年的年中，年近 95 岁的瘦小的伊丽莎白女王独自坐在圣乔治教堂里。王室曾经有机会邀请更多的人来参加葬礼。但女王立即拒绝了这一善意，理由是这对在疫情期间遵守并尊重安全协议的数百万英国人和英联邦公民来说不公平。

终生尊重规范，她不打算破例。她也许可以不用承担后果，但她不能有损声誉。是的，这意味着她不得不独自度过一生中最艰难的日子。但在这期间，她并非孤立无援。责任使她挺直脊梁，自律帮助她渡过难关。更重要的是，她的奉献精神提升了自己。

马可·奥勒留在《沉思录》中写道：“无论你在任何地方鼓励我还是责骂我，我的精神都会善待我——亲切和满足。”他这么说不仅因为他是自己的好朋友，还因为他的节制和自制力使他具有韧性。无论是在成功还是逆境中，他的严格和自律始终使他平静。当我们不再关心别人说什么或做什么，只关心我们自己的所作所为时，当我们只专注于“直奔终点，坚定不移”时，我们都可以拥有这种品质。

默克尔同样如此，当她允许 100 万难民进入德国时也引发了争议，这是叙利亚危机期间欧洲所有国家中接收难民最多的。她本可以无视日益严重的人道主义噩梦，本可以把它推给其他领导人，像大多数成功的政治家那样敷衍一下，只花时间考虑自己在国内的选举机会。但她没有这么做。

她以“牧师的女儿”的身份行事，以人类的视角行事。她做了她认为正确的事，她不害怕，也不在乎是否受到批评。她唯一因成功而改变的部分是她引导世界事件的能力，她掌握了这种力量。

当你有很多需要谦虚的地方时，你很容易谦虚。但现在你可以尽情放纵你的激情了。当你不是凌驾于规则之上的时候，你很容易遵守规则。但现在人们会为你寻找借口。不过现在其他形式都不存在了，真正重要的是你的自律!

当处于权力的巅峰时，我们需要更清醒的头脑，以防被物质或优越感蒙蔽双眼。塞涅卡写道：“地位低下的人在使用武力、提起诉讼、卷入争吵和放纵愤怒方面有更多的回旋余地，因为同样的打击几乎不会对他们造成伤害。但对一个国王来说，即使是他提高嗓门使用粗俗的语言，也与他的威严格格不入。”

自我掌控需要更多的自我介入，但不一定会同时获得更多的自我掌控。自我掌控不会让事情更容易实现，与此同时，你会有一百万个诱人的理由（和金钱）让自己放松警惕。

你需要向其他人展示你比诱惑更强大。你的胜利不是侥幸得来的，而是你应得的，你拥有取得胜利所需的一切。

你会专注于重要的事情，不会因财富的变化而膨胀。

你会证明成功并没有改变你，除了它让你变得更好。

Self-Discipline Is Virtue.
Virtue Is Self-Discipline.

自律是美德，美德是自律

美德就像音乐。它们以更高级、更高尚的音调在弹奏。

——史蒂文·普雷斯菲尔德[①]

歌德在他的戏剧《浮士德》的开头写道："太初有言。"很快他纠正了自己。不，太初有为。

这是一本关于自律的书，是关于基本美德系列的第二本。在本书的最后，特别要指出的是：行胜于言。

事实上，没有什么比节制与勇气、正义和智慧这三种美德之间的关系更能说明这一点了。如果没有自律，其他美德皆不可能，甚至毫无价值。

从华盛顿到富兰克林，再到亚当斯和亨利，几乎每一位美国开国元勋都提出了这样的观点：如果没有人民的美德，他们的新政府体制是不可能建立的。他们主要谈论的是节制的美德，如果没有个人的克制，自由就无法维持。亚当斯说，事实上，一个缺

① 史蒂文·普雷斯菲尔德（Steven Pressfield），编剧、作家。——译者注

乏自我节制的民族会“像鲸鱼穿过渔网一样”，破坏“我们宪法中最牢固的绳索”。

我们可以勇敢地为我们的权利而战，为成为自己的主人而战——因为我们有权这样做——但这意味着，最终我们必须对自己负责。因为如果我们不这样，那么就会有某人或某物会这样。设想一下没有自律你能走多远，你的成功能持续多久。任何美德如果偏离太远，很快就会变成恶习……包括勇气、正义，甚至智慧。

自律是唯一的出路，它可以调节所有的冲动。

西塞罗写道：“用自制力来补充勇气，那么幸福生活的每一个要素都将属于你。因为你将有勇气来抵御痛苦和恐惧，并有自制力将自己从肉欲中解放出来，让自己摆脱无节制的欲望。”

谈论美德很容易。几个世纪以来，它自然流淌在诗歌、文学和记忆中。但写这本书的目的，以及你花时间阅读它的目的，并不仅仅是娱乐。这不是哲学的意义所在。

我们在这里试图真正变得更好，试图回应属于我们的召唤，自己做出那个艰难的选择。今天，明天，每时每刻。

任何美德如果只存在于纸面上，那又有什么用呢？如果你没有勇气去活出它，去独自面对它，甚至在如此多的回报指向相反方向的生活中坚持它，那还有什么意义呢？

当然，学习和实践之间存在联系，但在某些时候，理论要落实到实践中。我们思考真理，然后必须行动起来。

这四种美德就是关于品格的培养，良好的品格能够让一个人在关键时刻凭直觉正确行事。自律不是恰巧发生的，而是你培养出来的。就像只有通过写作才能成为一个作家，而只有通过写出值得一读的作品才能成为一个伟大的作家，你的生活会证明你的自律。

到目前为止，我们一直关注的人，从卢·贾里格到马可·奥勒留、伊丽莎白女王、乔治·华盛顿、玛莎·格雷厄姆、哈里·杜鲁门、乔伊斯·卡罗尔·奥茨、布克·华盛顿、弗洛伊德·帕特森，他们并不完美。有时，他们表现出与我们正在研究的美德完全相反的情况，这一点必须注意。然而不可否认的是，在关键时刻，他们的品格促使他们做出了一些非常伟大的事情。不仅在当时，为了他们帮助的人或他们推动的事业，而且在今天，使我们受到鼓舞。

重要的不是他们说了什么，而是他们因为自己是谁而做了什么。

这就是林肯在葛底斯堡所说的：我们在这里说什么并不重要，重要的是他们在那里做了什么。无论是扬基队的骄傲——卢·贾里格，还是努力不辜负自己的使命和追寻安东尼的榜样的马可·奥勒留，或者在20世纪后期面对相似的压力而勇往直前的伊丽莎白女王，或者试图夺回冠军头衔的弗洛伊德·帕特森，抑或从自杀的边缘爬回来的贝多芬，他们的自律、品格、忍耐力召唤着我们。

他们的美德闪耀着光辉。

我们无法圣化它。它永恒地自我绽放。

我们只有一种方式可以荣耀它。

通过将这些美德融入我们自己的行为，通过继续做前人未完成的工作。我们必须延续我们现在所参与的传统，不管我们是否知道它的存在。

从打磨我们自己的美德开始。不是美德的宣言，而是美德的生活。

我们可以尽情地学习美德，但是当我们走到十字路口的时候，我们将不得不做出选择。

在《伊甸园之东》一书中，斯坦贝克得出结论，基督教中最有力的短语是timshel，英语翻译为“诫命”，而希伯来语的翻译更准确，不是“你应该”，而是“你可以”。

他在写这些的时候反馈给他的编辑：“这是每个人的责任和良心发现，如果你愿意，你可以，但这取决于你。这个小故事被证明是世界上最深刻的故事之一。我一直有所感觉，但现在我认同了。”

无论是《圣经》、赫拉克勒斯、《伊甸园之东》还是《浮士德》的故事，寓意都是一样的：我们有选择的权利，我们可以在自我节制与不守自律、美德与邪恶之间做出选择。

自我节制必须融入精神，必须体现在行动上。当关键时刻到来时，它必须被庄严地呈现出来。

这是我们自己的决定。一生中不只有一次，而是有成千上万次。不只在过去和未来，也在现在，在今天。

那会是什么？

依赖还是独立？伟大还是毁灭？

自律就是命运，它决定了一切。

你会选择它吗？

Afterword

后记

这本书我写了两年，期间屡次遇到瓶颈。

为了满足出版商设定的紧迫期限，我知道写作需要尽快开始。但当我坐在办公室里，翻阅成堆的材料时，一切似乎是不可能的。就在我坐下来敲出一本书的第一句话时，我几乎总是清楚地知道我要在每一页上说些什么。

就像灵感一样，“即兴发挥”是为业余爱好者准备的。

专业人士会有一个计划。

然而，可怕的是，我没有计划。当然，我知道这本书的大致范围，但还有太多内容不确定。结构、人物、例子，这一切都超出了我的想象。我怎么可能让读者对像节制这样不性感的东西感兴趣呢？我不知道。更糟糕的是，我开始怀疑自己是否最终会知道。

对于我当时的感受，除了绝望之外没有别的词更适合形容。怀疑？人总会这样。恐惧？在尝试做一些困难的事情之前，总会有那么一点点。比这更严重。不，这是一场信任危机——我选错了话题，我没有材料，属于我的时刻抛弃了我。所以我在考虑是否要给我的出版商打电话，要求推迟出版。

我感觉非常累，太累了。

出书的想法是一种有创造性的追求。实际上，写书本身是一项艰巨的体力劳动，坐在椅子上，将每一个连续的句子都打磨出来——这个过程不是以小时或天来衡量的，而是以月和年来衡量的。这是一场比拼耐力、认知和体能的马拉松。

对我来说，在过去的十年里，我不是跑了几场这样的马拉松，而是跑了十二场，一场接一场。在同一时期，我出版的书、写的文章以及每天发送的电子邮件的文字加起来有 250 万字。在我写这本书的时候——关于四大美德系列的文章已经过半——我突然意识到，这场破坏稳定、毁灭性的全球性大流行病（新冠肺炎）已经进入第三个年份，而我在这个时期还有两个四岁以下的孩子。我现在坐在一座 19 世纪的历史建筑里，楼上是一家书店，这家书店正是我在这个动荡不安的时期创办并开业的。今天早上，像所有的早晨一样，我七点起床，和孩子们一起散步，检查我们住的牧场的围栏。①

这一切似乎都在我最负担不起的时候向我袭来。

我不是一个倾向于相信神明力量的人，但我需要帮助……

在得克萨斯州一个酷热难耐的日子里，我坐在办公桌前，翻阅着装有数千张研究记录卡的盒子。总的来说，它们让我不知所措——它们所包含的内容，以及它们如何组合成一本书，似乎毫无头绪。我伸手抓了一张。

卡片上面只有用红色锐意记号笔潦草写的 24 个词。什么时候写的？我为什么要写这些？什么促使我这么做？我只知道上面写了什么。

---

① 我承认我可以做得更好，把最重要的事情放在首位。

相信这个过程。继续做我的卡片。当我在六月份检查它们时——如果我已经完成了我的工作——那里将会有一本书。

这并不算是一个奇迹，但它确实以某种方式挑战了时间和空间。我从过去穿越到未来，提醒大家要自律。

你猜怎么着？它救了我。

当然，拯救不是来自工作，而是来自我自己。几乎可以肯定，在马可·奥勒留处于某种个人信仰危机的低谷的时候，在他的《沉思录》中一个最好的段落中，他提醒自己“热爱你熟知的自律，并让它支持你”。

这就是我的笔记上所描述的。

于是我遵从了。

我开始每天很早就出现在办公室处理我的素材。一张又一张卡片，我把它们分成小堆，寻找其中的联系，寻找我可以追踪的线索，寻找可以打开这本书的钥匙。

我没有担心，而是使用了我在书中所写的平静而温和的哲学之光。当我遇到困难时，我会去散步。我尽量保持常规，不让干扰分散注意力。我专注于工作。我也坐下来——只是坐着——思考。

我相信这个过程。我喜欢我熟知的自律。我让它支持我。

我很高兴地告诉你，在这之后不久，这本书就被敲出了。但这不是写作或生活通常运作的方式。实际发生的过程更漫长，经过更多次迭代，但最终同样具有变革性。

当我走在那条充满绝望的长廊上时，光线渐渐射入其中。卢·贾里格从阴影中走出来。在完成将近四千页的传记之后，伊丽莎白女王以气质的形象示人。一个字按一个字地，慢慢地，煞费苦心地，一章又一章地，一切变得清晰可辨。

正如我的笔记承诺的那样，书就在那里。现在我必须写了。

需要指出的是，这场疫情是一种被迫的生活方式实验，它给了我一个改善日常写作习惯的机会。日子渐渐模糊，原本平凡生活中的无限可能消失了，只剩下每一天，只剩下我要写的文字。

我会早起，给孩子们穿好衣服。我会把他们放到婴儿车里，当太阳升起时，我们会一起散步或跑步，这时候我的妻子会去补上急需的睡眠。我们会去数在田野里闲逛的鹿，看兔子在小路上跑来跑去。我们交谈，也留意周围的一切。我们充分享受彼此的陪伴，没有任何打扰。长期以来，我要求自己在早上的第一个小时不看手机。这不仅是为了管理屏幕使用时间，也是为了这样的时刻腾出时间……一些想法会神奇地出现在我脑海中——就像贝多芬的狂喜——在几乎不去想工作的时候。

当我们回到家里，我会安排孩子们玩耍，自己洗个澡。虽然我是个自由职业者，但感觉清新比外表清新更重要，所以我每天早上都会刮胡子。我的工作对我来说太重要了，我不想看起来像个懒汉。所以我穿上了一套简单的衣服（我每天大致穿同样的衣服，以减少不必要的选择），然后坐下来写日记。无论花费5分钟还是25分钟，写日记都能让我心平气和，集中注意力。安妮·弗兰克（在她自己的日记里）写道，纸比人更有耐心。她是对的——驾驭困难情绪的最好方法之一就是把它写在纸上，然后把它留在那里。

写完日记就该开始工作了，最重要、最困难的事情要先做。我会开车到书店的办公室，放下自己的东西并开始写作。没有延迟，没有拖延，没有数字干扰，只是写作。在写这本书早期艰难的日子里，我在墙上贴了一张便条卡，上面写着玛莎·格雷厄姆的话："永远不要害怕素材。这种素材知道你什么时候害怕，不会有帮助。"没有勇气，自律是毫无意义的。当然，勇气的决定性特征就是自律——让你自己为必须做的事情做好准备。

虽然写一本书需要很多很多小时，但这些时间的增量很小。如果我八点半到办公室，我十一点前就可以写完，只需几个小时就可以了。正如一条古老的写作规则所说，每天只需要写几页蹩脚的文字。写作的自律就是要按时出现。

四季更迭，世界一如既往地肆虐与充斥着各种各样的事件。机会、干扰、诱惑一刻没有停歇——突然地出现、敲门、唠叨、引诱。日复一日，我一直坚持着。在我电脑显示器的右侧，在我儿子们的两张照片之间，有一张运动心理学家乔纳森·法代[①]给我的照片。照片上是著名的奥利弗·萨克斯博士，在他身后是他放在办公室里的一个大牌子，上面写着"不！"。我们对采访、对会议、对"我能借用一点你的时间吗"说"不！"。就意味着我们在对重要的人或事情说"是"，比如我们的家人、工作、理智。

工作不仅仅是写作。总有其他事情要做，总有问题要解决。下午，我会安排电话会议和访谈，为播客节目《每日斯多葛》和《每日老爸》编辑、阅读和录制；我还要为书店和我其他企业做项目。尽管如此，无论一天有多忙，我每天都会回家吃晚饭——理想的情况是，在晚饭前和孩子们一起玩耍。晚饭后，我们会去

① 乔纳森·法代（Jonathan Fader），哲学博士，美国职业棒球大联盟（MLB）纽约大都会队的团队运动心理学家和绩效心理学家，MLB 新秀计划的资源医生。他是一名持牌临床心理学家。——译者注

散步，然后哄孩子们睡觉。

对我来说，没有什么比养育孩子更需要和加强我的自律了。我试着想象一下作为小孩子是多么不容易——尤其是在这个不确定的时期。我试着记录下那些匆忙的瞬间，无论是睡前的时间还是开车去学校的路上，记录下那些我们在一起匆匆度过的时光，那些一去不复返的时光。当我感到沮丧或被激怒时，我会告诉自己：孩子们只是累了、饿了，他们不知道如何沟通。当我们一起躺在床上时，我会对自己说："这太棒了。没有什么比这更好的了。"2021 年，当我 18 个月以来第一次登上飞机时，我突然意识到，我已经连续在家里度过了 500 个夜晚。难怪我的工作效率如此之高，难怪我如此快乐，尽管万事艰难。

为了我自己和孩子们，我努力在生活的各个方面保持自律。我饮食健康，通常每天保持禁食大约 16 个小时。我意识到自己做事有强迫症的倾向，我不喝酒、不抽烟。我避免被越来越负面的新闻媒体所影响，试图保持积极并在一个"破碎"的世界里继续战斗。我尽我所能地控制我的自尊心、我的脾气，尽我所能地做一个好丈夫和支持太太的好伴侣。我要保证我的睡眠，保持我的办公桌干净或者颇为干净。我减少无关紧要的任务，将可以交给别人去做的任务委派出去。

在写这本书的过程中，我和马努·吉诺比利共进了午餐，他是四届 NBA 总冠军、全明星球员和奥运会金牌得主，碰巧也是 2012 年在那场有关波波维奇的有争议的比赛中得到休息的球员之一。尽管像迈克尔·乔丹这样的冠军毫无疑问是伟大的，但令我印象更深刻的是那些能够过着平衡和体面的个人生活的世界级选手。我们坐在后门廊上，我向马努讲述了我的一些挣扎，而他给我讲述了 2013 年 NBA 总决赛的故事。

在第 6 场比赛还剩 5 秒的时候，马刺队领先 3 分，马努上场抢篮板想要以此结束系列赛。但他被更高大的克里斯·波什勉强抢了篮板，后者将球传给了雷·阿伦，而雷·阿伦以关键时刻的三分球将比赛拖入加时赛。在加时赛的最后一场比赛中，马刺落后一分，球又回到了马努的手中。他冲向篮筐，这是他的时刻，这是他的投篮。

事与愿违。球被抢走了。迈阿密热火队赢了。系列赛进入第 7 场，热火队赢了。

他告诉我，在那之前，他总是很难承受损失。但是在这之后呢？他感觉房子就像一个殡仪馆，里面充满了悲伤、愤怒、痛苦和绝望。他就像丢了金腰带的弗洛伊德·帕特森一样，无法进食或思考，感到很痛苦。

对于这个问题，你也许会感到怨恨、后悔，想要退役，也许会更加努力地训练，变得更有动力，更加认真地对待输赢。他反倒是闷闷不乐地沉思着，突然冒出一个念头：我刚刚参加了 NBA 总决赛，但我怎么一点都不开心？

第二年，马刺队归来。在经历了那次毁灭性的第 7 场失利之后，他和马刺队仅用了五轮比赛就击败了热火队，赢得了他的第四个 NBA 总冠军，也是球队的第五个总冠军。

这其中最大的成就是他设法改变了他与比赛的关系，改变了看待输赢的态度。驱使他的不再是愤怒或报复。他开始享受其中。

他变得更平衡，更能控制自己的情绪。他更专注于当下，感到更加开心，结果是他成了一个更好的父亲、丈夫和队友。在那场令人心碎的失利之后，马努又打了5个NBA赛季（总共16个赛季），最终以马刺队历史上三分球得分王和抢断王的身份退役。他在比赛中排名第三，助攻排名第四，得分排名第五。2019年，马刺队退役了马努的20号球衣。他现在入选了篮球名人堂。

这也是节制的意义所在。当我们说自律拯救了我们的时候，它拯救我们的一部分正是我们自己。有时，它拯救我们免于懒惰或软弱；同样，它也会拯救我们免于野心、过度、对别人和自己过于苛刻的冲动。它不仅使我们在自己擅长的领域表现出色，而且在更全面的意义上做到最好。亚里士多德在他所写的很多关于这个主题的著作中提醒我们，美德的意义不在于权力、名声、金钱或成功，而在于人类的繁荣。

还有什么比这更重要的吗？

在我努力写这本书的过程中，我尽自己最大的努力去改善我生活的另一个方面——我的工作和自律如何在家中得以表现。几年前，在我卖掉一个项目后，我的编辑打电话给我的妻子，一方面是祝贺我们，另一方面也是要道歉。她知道这对我的妻子意味着什么——对我会产生什么影响，我在写书的黑暗深处会变成一个什么样的人。

无论这本书如何，即使它对很多人产生了影响，但我最自豪的是我在写这本书时更加清楚了我是谁。即使在感觉可能无法完成时，我需要道歉的次数也少了。甚至在我觉得可能需要推迟出书的那一刻，我记得我在想：那又怎样？有时候事情必须被推迟。

欲速则不达。

一本书开始写的时候往往很难，但最后的阶段也是最艰难的——通常是一场争夺战，截止日期迫在眉睫，一百万个问题出现了。这并不总是我最美好的时光。但是，当我在家中完成这本书的最后几页时，我5岁的孩子从他的艺术项目中抬起头来对我说："爸爸，很遗憾，你失去了写书的工作。"显然，事情没有那么疯狂，我的边界感也变得更清晰了，以至于他认为我被迫提前退休了。

一个不那么自律的我，一个年轻的我是什么样子？我可能会被一本写作压力不那么大的书压垮。我会表现出来，会被消耗掉，会把情绪带回家。在我的工作中，不会有平静而温和的光芒。我充满了野心和动力……当某些事情阻碍我时，我不屈不挠、积极进取。它帮助我完成了一些事情，但它也让我不快乐。

如果是那样，在这个项目上将对我没有好处。更糟糕的是，它会让我成为一个伪君子。

所以，当我在这里完成的时候，我仍然感到很累。

但我也感觉棒极了。

活着是为了享受生活。我们注定要振作起来做点什么。

如果写书是自然而然的，不费吹灰之力？每个人都会写书。

难是件好事。它可能会令人沮丧，也可能会让人心碎，折磨你，扰乱你的思绪，这都很好。但也可以通过平衡、可持续的方式完成它，最重要的是通过节制来完成。

这样就区分了缺乏自律者与自律者、弱者与强者、业余者与专业人士。

没有人说过命运总会一帆风顺。

如果是这样，人生还值得吗？

Acknowledgments

致谢

当我接近完成这个系列的一半的时候，我必须感谢许多帮助我到达这里的人。感谢我的编辑和营销团队、我的经纪人斯蒂芬·汉塞尔曼。感谢我在得克萨斯州的团队——阿德里安娜·埃尔南德斯、杰西卡·戴维森、比利·奥本海默、贾斯汀·邓贝克、道森·卡罗尔、简·布雷迪·奈特，以及尼尔斯·帕克和布伦特·安德伍德，使我能够写作。感谢我的姻亲罗德和珂安，他们那里是过去两年里我们唯一的托儿所。有一种观点认为，“大厅里的婴儿车”是艺术的敌人。但我的孩子们让我比以往任何时候都更自律、更专注，我无法想象没有他们的生活。最重要的是，我必须感谢我的妻子萨曼莎，她有一种更轻松（坦率地说，更快乐、更友善）的日常自律方法，我一直在学习。在过去的10年里，她支持我疯狂的习惯和工作日常，同时容忍我创作所有书所花的很多时间（和灵魂的黑夜）。感谢本书和我生命中的许多人（罗伯特·格林、马可·奥勒留等人），他们是我的榜样，使我变得更好。

现代斯多葛书系

“勇气、智慧、正义与节制”这四大美德，展现了两千多年前哲学家们的生活品格，他们用朴素的话语塑造了人们的世界观。